Revolución en la Educación

AURORA AMORIS

REVOLUCIÓN EN LA EDUCACIÓN

El Futuro del Aprendizaje con IA

2025

Revolución en la Educación

Aurora Amoris

CONTENIDO

CAPÍTULO 1

Inteligencia Artificial en la Educación

1.1. El papel de la IA en la educación

La inteligencia artificial está transformando la educación mediante el desarrollo de nuevas oportunidades y desafíos. En el ámbito educativo, se está empleando la IA para mejorar el aprendizaje personalizado, optimizar la gestión educativa y transformar las estrategias de enseñanza convencionales. Su integración en el aula, las estructuras en línea y los sistemas administrativos marca el inicio de una transición profunda hacia una formación más ecológica, basada en datos y accesible.

El potencial de la IA para procesar grandes cantidades de información con rapidez permite la introducción de entornos de aprendizaje dinámicos que se adaptan a las necesidades específicas de los estudiantes universitarios. Puede analizar patrones de conducta, rendimiento académico y estilos de aprendizaje de los alumnos para crear una experiencia de aprendizaje más individualizada. Esta tecnología también puede agilizar las tareas administrativas, como la calificación, la planificación curricular y la programación, lo que permite a los profesores e instituciones centrarse más en ofrecer una educación de calidad.

Además, la IA en la educación se extiende más allá del aula. Mediante estructuras de tutoría inteligentes y herramientas de aprendizaje digital, permite el acceso a la tecnología a un público más amplio, independientemente de su ubicación o historial financiero. En particular, las publicaciones en línea, las aulas virtuales y las herramientas educativas basadas en IA están rompiendo las barreras tradicionales de la educación, ofreciendo un enfoque de aprendizaje más inclusivo y flexible.

Sin embargo, la implementación sustancial de la IA en la formación plantea varias preocupaciones morales y prácticas. El registro de los estudiantes, vital para el funcionamiento eficaz de las estructuras de IA, presenta importantes riesgos para la privacidad y la seguridad. Además, existe un debate continuo sobre el papel de la IA en la toma de decisiones educativas, desde la calificación de tareas hasta la determinación del potencial de los estudiantes. Estas cuestiones ponen de relieve la necesidad de una legislación y una supervisión rigurosas para garantizar que el impacto de la IA en la educación se mantenga de alta calidad y sea equitativo.

A medida que la era de la IA continúa evolucionando, su posición en la educación se amplificará, brindando nuevas posibilidades para impulsar la adquisición de conocimientos y al mismo tiempo abordar las situaciones exigentes que incluyen esas mejoras.

1.2. La IA y la experiencia del estudiante

La inteligencia artificial está transformando profundamente la experiencia académica, desde itinerarios de aprendizaje personalizados hasta el desarrollo de entornos dinámicos e interactivos que fomentan una mayor interacción con el material. La IA permite que las estructuras educativas evolucionen según las necesidades, preferencias y niveles de aprendizaje de los estudiantes, mejorando así la experiencia general y aumentando la eficacia del aprendizaje.

La integración de la IA en la experiencia educativa permite una instrucción más personalizada. Al analizar el rendimiento general histórico del estudiante, su ritmo de aprendizaje y sus estadísticas de comportamiento, la IA puede recomendar recursos, tareas y actividades que se adapten específicamente a sus necesidades. Este nivel de personalización garantiza que los estudiantes puedan progresar a su propio ritmo, dedicando más tiempo a las materias que les interesan y avanzando una vez que han dominado ciertos conceptos. De esta manera, la IA no solo facilita el aprendizaje, sino que también lo complementa activamente, creando una experiencia más relevante y ecológica para cada estudiante.

Además, la IA ha avanzado considerablemente en la retroalimentación instantánea, algo que suele faltar en los entornos de estudio tradicionales. Con sistemas basados en IA, los estudiantes reciben respuestas inmediatas a su trabajo, lo que les permite corregir errores y malentendidos rápidamente. Este ciclo continuo de comentarios mejora la retención del aprendizaje y facilita que los estudiantes se mantengan en el buen camino durante su experiencia académica.

Además del contenido personalizado, las plataformas impulsadas por IA ofrecen una experiencia más interactiva. Las aulas virtuales y los sistemas de tutoría con IA pueden simular interacciones individuales, donde los estudiantes pueden recibir orientación y apoyo sin limitaciones de tiempo ni ubicación. Estas plataformas también pueden incorporar capacidades de procesamiento natural del lenguaje, lo que permite a los estudiantes hacer preguntas en tiempo real y obtener respuestas contextuales, simulando la experiencia de interactuar con un tutor humano.

Sin embargo, si bien la IA ofrece posibilidades prometedoras para enriquecer la experiencia estudiantil, también plantea interrogantes sobre la posible pérdida de contacto humano en la educación. La relación entre estudiantes y educadores suele ser un elemento clave del proceso de aprendizaje. Con la incorporación de los sistemas de IA en algunos aspectos de la enseñanza, surge la pregunta de si esto podría reducir el papel de los educadores como mentores, motivadores y modelos a seguir. Es necesario controlar con cautela el equilibrio entre la automatización y la interacción humana para garantizar que la IA complemente, en lugar de reemplazar, aspectos esenciales de la experiencia estudiantil.

La IA tiene el potencial de revolucionar la experiencia del alumno al ofrecer entornos de aprendizaje personalizados, interactivos y adaptativos. Al ofrecer comentarios inmediatos, adaptar la práctica a las necesidades individuales y desarrollar itinerarios educativos flexibles, la IA permite a los estudiantes universitarios tomar el control de su propio aprendizaje, mejorando tanto su participación como su satisfacción académica. Sin embargo, la integración de la IA en la educación debe abordarse con cuidado, garantizando que fortalezca los valores educativos tradicionales y mantenga la conexión humana, esencial para un aprendizaje integral.

1.3. Tendencias y transformación tecnológica

El rápido avance de la tecnología está transformando el panorama educativo, y la inteligencia artificial está a la vanguardia de esta transformación. Las tecnologías de IA están implementando nuevas tendencias y mejoras que proyectan los modelos educativos convencionales y abren nuevas posibilidades para estructurar, implementar y experimentar el aprendizaje. Estos cambios tecnológicos no solo están transformando la forma en que se imparte la educación, sino que también influyen en la percepción social más amplia sobre cómo debe ser el aprendizaje y la adquisición de conocimientos en el futuro.

Uno de los principales avances tecnológicos que configuran el panorama educativo es la transición hacia el aprendizaje personalizado. La capacidad de la IA para analizar grandes cantidades de datos y modificar el contenido y los métodos de aprendizaje según las necesidades del usuario ha impulsado el aprendizaje personalizado hacia la generalización. Los sistemas de aprendizaje adaptativos basados en IA pueden optimizar el desarrollo del alumno y adaptar la formación a sus fortalezas y debilidades. Esta flexibilidad permite un enfoque más centrado en el alumno, donde los principiantes tienen la libertad de desarrollarse a su propio ritmo, recibir intervenciones específicas cuando sea necesario e interactuar con el material de forma que se adapte a sus patrones de aprendizaje preferidos.

Otra tendencia importante es el creciente uso del análisis de datos en la educación. Las estructuras de IA pueden recopilar y analizar datos de diversos recursos, como el rendimiento de los alumnos, sus niveles de participación y sus estilos de comportamiento. Estos datos pueden utilizarse para fundamentar la toma de decisiones, mejorar las estrategias de formación y predecir los resultados del aprendizaje. Los docentes y administradores pueden utilizar esta información para identificar tempranamente a los estudiantes con dificultades, personalizar la orientación y realizar cambios fundamentados en los planes de estudio y las estrategias de enseñanza. La capacidad de aprovechar los datos de esta manera ofrece oportunidades sin precedentes para la mejora continua y la optimización dentro de las estructuras educativas.

Además, la IA está impulsando la mejora de las experiencias de aprendizaje inmersivas, especialmente mediante el uso de la realidad digital y aumentada (RV y RA). Estas tecnologías, al combinarse con la IA, permiten la creación de entornos de estudio especialmente atractivos e interactivos. Los estudiantes pueden explorar mundos virtuales, interactuar con modelos 3D y participar en simulaciones que serían difíciles o imposibles de replicar en aulas tradicionales. Estas experiencias inmersivas pueden profundizar el conocimiento, mejorar la retención y brindar a los estudiantes la capacidad de practicar habilidades en un entorno seguro y controlado.

El impacto de la IA trasciende las aulas y se extiende al ámbito educativo global, ya que facilita el desarrollo de plataformas de aprendizaje en línea y tecnología educativa. El auge de los Cursos Online Masivos y Abiertos (MOOC), los sistemas de gestión del aprendizaje basados en IA y otras herramientas virtuales ha hecho que la formación sea más accesible para personas de todo el mundo. Los estudiantes ahora pueden estudiar desde cualquier lugar, en cualquier momento y a su propio ritmo, superando las barreras geográficas y temporales. Estas innovaciones están transformando la formación en un sector más flexible e inclusivo, permitiendo a jóvenes de diversos orígenes y lugares participar en estudios académicos de alta calidad.

Sin embargo, estos avances tecnológicos también presentan desafíos y riesgos. La creciente dependencia de la IA y la toma de decisiones basada en datos aumenta la preocupación por la privacidad, la seguridad y las implicaciones éticas del uso de estas potentes herramientas en la educación. A medida que los sistemas de IA recopilan grandes cantidades de información personal sobre los estudiantes universitarios, garantizar su protección se convertirá en una prioridad fundamental. Además, a medida que los sistemas educativos adoptan la IA, es necesario un análisis continuo del impacto de esta tecnología en la formación, los resultados del aprendizaje y la equidad social.

La transformación tecnológica actual en la educación es simple, y la IA se encuentra en el centro de este cambio. A medida que el aprendizaje personalizado, el análisis de datos, la tecnología inmersiva y el acceso internacional a la educación se adaptan, la IA desempeñará un papel cada vez más importante en la transformación de la forma en que se transmite y se enseña la información. Sin embargo, la implementación responsable de estas tecnologías es fundamental para garantizar que beneficien a todos los estudiantes y educadores, sin comprometer la privacidad ni los estándares éticos. El futuro de la educación, modelado por la IA y otras tecnologías, encierra un enorme potencial, pero debe gestionarse con cuidado para garantizar que sirva a la mayor parte de la sociedad.

1.4. Desarrollo histórico de la IA en la educación

La integración de la inteligencia artificial (IA) en la educación no surgió de repente ni de la nada. Ha sido un proceso lento, influenciado por tendencias tecnológicas más amplias, avances teóricos en la tecnología informática, cambios en la teoría académica e imperativos socioeconómicos. El recorrido desde las primeras ideas sobre la inteligencia artificial hasta las actuales estructuras de tutoría inteligente y plataformas de aprendizaje adaptativo representa no solo la evolución de la tecnología, sino también la percepción cambiante de cómo estudian los seres humanos y cómo las máquinas pueden facilitar dicho aprendizaje.

El desarrollo de la IA en la educación se puede rastrear a través de varias etapas distintas pero superpuestas: los fundamentos teóricos (décadas de 1950-1970), las primeras estructuras experimentales (décadas de 1980-1990), la revolución digital y el auge de los sistemas de tutoría inteligente (década de 2000), la aparición de grandes registros y sistemas de aprendizaje (década de 2010), y la etapa actual de ecosistemas educativos integrados, escalables y adaptativos impulsados por IA (década de 2020 en adelante). Cada una de estas etapas refleja cambios más amplios tanto en los estudios de IA como en las prioridades académicas.

La base conceptual de la IA en el aprendizaje surgió en el ámbito más amplio de la inteligencia artificial. En la década de 1950, pioneros como Alan Turing y John McCarthy sentaron las bases teóricas de la inteligencia de sistemas. La conocida pregunta de Turing, "¿Pueden las máquinas pensar?", planteada en su influyente artículo de 1950, "Computing Machinery and Intelligence", no sentó las bases para el uso de máquinas inteligentes en ámbitos cognitivos como el aprendizaje y la enseñanza.

Durante las décadas de 1960 y 1970, la técnica dominante en los estudios de IA fue la IA simbólica, o "IA antigua excelente" (IAOFA). Los investigadores buscaban codificar la información y el razonamiento humanos en sistemas simbólicos formales. En el contexto educativo, esto dio origen a los primeros modelos de psicología cognitiva que buscaban simular la noción y la resolución de problemas humanos, lo que posteriormente podría indicar sistemas de tutoría sensata (STU).

Una de las primeras obras más influyentes de esta época fue el modelo de lenguaje socrático, que intentaba imitar la forma en que los profesores guiaban a los estudiantes universitarios mediante la indagación. Los investigadores se dieron cuenta de que la enseñanza no se limitaba a entregar información, sino a implementar enfoques cognitivos. Los fundamentos de la teoría del aprendizaje constructivista, defendida por académicos como Jean Piaget y Seymour Papert, enfatizaban el aprendizaje activo, y el trabajo de Papert en Logo, un lenguaje de programación diseñado para niños, representó una de las primeras intersecciones entre la tecnología informática, la educación y la IA.

Aunque el potencial computacional real de los sistemas en algún momento de este período quedó restringido, las bases filosóficas y psicológicas sentaron las bases para la integración futura.

La década de 1980 marcó un punto de inflexión con el desarrollo de la primera generación de estructuras de tutoría inteligente (ITS). Estas estructuras buscaban simular el comportamiento de tutores humanos mediante la adaptación de técnicas educativas a las necesidades de cada persona sin experiencia. A diferencia de la práctica tradicional asistida por computadora, que presentaba el mismo contenido a todos los principiantes, las ITS integraban modelos de dominio del conocimiento, conocimientos del estudiante y técnicas pedagógicas.

Uno de los sistemas pioneros fue SOPHIE (Tutor Socrático de Física), desarrollado a finales de los años 70 y principios de los 80. SOPHIE podía diagnosticar los conceptos erróneos de los estudiantes universitarios sobre electrónica y guiarlos en la resolución de problemas. De igual manera, ANDES y AutoTutor surgieron como destacadas plataformas de sistemas de información (ITS) en la década de 1990. Estas plataformas utilizaban modelos cognitivos para adaptar el contenido y los comentarios a los principiantes, simulando una formación similar a la humana.

Otra mejora fundamental durante esta era fue el modelado basado en restricciones, que permitió a los sistemas evaluar las soluciones de los estudiantes no mediante la coincidencia de soluciones predefinidas, sino mediante la identificación de violaciones de las restricciones conceptuales. Este enfoque resultó valioso en la enseñanza de las matemáticas y la informática, donde suelen existir múltiples soluciones correctas.

Sin embargo, estas estructuras se enfrentaban a situaciones exigentes. Su desarrollo era costoso y lento, a menudo exclusivo de un dominio, y difícil de escalar. Aun así, la investigación realizada durante este periodo puso a prueba el potencial de la IA para guiar el aprendizaje mediante enfoques innovadores y personalizados.

Simultáneamente, el ámbito más amplio de la educación experimentó el auge de los programas de formación basados en ordenador (TCC), los CD-ROM multimedia y el uso temprano de sistemas de gestión del aprendizaje (LMS). Si bien no todos estos sistemas estaban impulsados por la IA, sentaron las bases para entornos de formación digital en los que la IA podría prosperar posteriormente.

La proliferación de internet a finales de la década de 1990 y principios de la de 2000 transformó las estrategias de impartición de la educación. Los entornos de aprendizaje en línea se hicieron cada vez más populares, y con ellos surgió un creciente interés por la personalización y la enseñanza basada en datos. Si bien las primeras plataformas de aprendizaje electrónico eran en gran medida estáticas y lineales, los investigadores comenzaron a integrar estrategias de IA para crear sistemas más adaptativos y receptivos.

Durante esta época se produjeron numerosos y grandes avances:

investigación en tecnología cognitiva en la Universidad Carnegie Mellon, utilizó modelos basados en reglas para adaptarse al progreso de los estudiantes en álgebra y otras materias.

AutoTutor, desarrollado por la Universidad de Memphis, aplicó el procesamiento natural del lenguaje para simular interacciones conversacionales con estudiantes universitarios. A diferencia del ITS anterior, que se basaba principalmente en respuestas de opción múltiple o estructuradas, AutoTutor intentó interactuar con los principiantes mediante el habla.

La aparición de las redes bayesianas y el modelado probabilístico permitió que las estructuras gestionaran la incertidumbre en la conducta académica y el conocimiento de las trayectorias con mayor eficacia. Estas estrategias impulsaron la adaptabilidad y el realismo de las estructuras de tutoría.

Comenzaron a aparecer exámenes de diagnóstico basados en IA, lo que permitió a las estructuras identificar rápidamente el área de conocimiento de un alumno y, en consecuencia, adaptar el contenido. Esto supuso una transición de una guía universal a rutas de aprendizaje personalizadas.

A pesar de estas mejoras, la implementación a gran escala siguió siendo limitada debido a limitaciones tecnológicas, altos costos de desarrollo e inercia institucional. No obstante, se sentaron las bases para la siguiente fase de aprendizaje basado en IA.

La década de 2010 se caracterizó por una explosión en la disponibilidad de información, avances en algoritmos de aprendizaje automático y el auge de la computación en la nube. Estas características reforzaron drásticamente las capacidades de los sistemas de IA en la educación.

Uno de los principios más influyentes de esta década fue la analítica del aprendizaje: la recopilación, el análisis y la interpretación de información sobre los recién llegados y sus contextos. La analítica del aprendizaje permitió a los sistemas educativos medir la participación de los alumnos, anticipar su rendimiento y personalizar el contenido en tiempo real. Combinadas con el aprendizaje automático, estas estructuras comenzaron a aproximarse a la adaptabilidad y la intuición de los docentes humanos.

Las estructuras de aprendizaje adaptativo como Knewton, DreamBox y Smart Sparrow surgieron como pioneras en la enseñanza personalizada a gran escala. Estos sistemas recopilaron cantidades considerables de información del alumno y utilizaron modelos predictivos para ajustar la dificultad, el ritmo y la secuenciación del contenido. Por ejemplo, el currículo de matemáticas de DreamBox debe adaptar la enseñanza en función del comportamiento, la precisión o incluso los patrones de vacilación del niño.

Los Cursos Online Masivos y Abiertos (MOOC), que incluyen los impartidos por Coursera, edX y Udacity, comenzaron a incorporar elementos de IA como la calificación automatizada, la recomendación de contenido y bots de moderación en foros. El procesamiento del lenguaje natural permitió sistemas automatizados de calificación y comentarios de ensayos, mientras que los motores de recomendación recomendaban publicaciones o contenido según el comportamiento de los estudiantes.

El reconocimiento de voz y los asistentes digitales, incluido IBM Watson Tutor, comenzaron a ingresar al área educativa, ofreciendo respuestas inteligentes a preguntas, ayuda personalizada y orientación curricular.

El creciente uso de la IA también generó un mayor interés en la ética, la privacidad y los prejuicios. Las preocupaciones sobre el uso de los registros académicos, la vigilancia y la equidad algorítmica han cobrado importancia en el discurso sobre la IA en la educación.

La década de 2020 fue testigo de la rápida aceleración de la IA en la educación, catalizada en parte por la pandemia mundial de COVID-19, que impulsó una transición masiva hacia la enseñanza en línea e híbrida. Las instituciones educativas, las empresas de tecnología educativa y los gobiernos recurrieron a equipos con IA para gestionar el aprendizaje remoto, apoyar al profesorado e involucrar a los estudiantes.

Las aplicaciones actuales de IA abarcan:

• Los chatbots de IA se utilizan en universidades para responsabilidades administrativas, asesoramiento educativo o incluso tutoría básica.

• Análisis de estudio multimodal que combina información de pulsaciones de teclas, seguimiento ocular, análisis de expresiones faciales y más para crear perfiles de estudiantes exactos.

• Los equipos de IA generativa, como los modelos basados en GPT, ahora se utilizan para respaldar la escritura innovadora, la asistencia en programación y la generación de contenido.

• Tutores y copilotos de IA que ofrecen asistencia justo a tiempo en algún momento de lecciones, controles o trabajo de misión.

• Los sistemas de aprendizaje de idiomas que incluyen Duolingo han integrado un profundo aprendizaje de estilos para adaptar las clases, la fluidez del habla y los comentarios.

Los sistemas de IA actuales son más escalables, generalizables y fáciles de usar que nunca. La convergencia de la IA con la realidad aumentada (RA), la realidad virtual (RV) y las interfaces cerebro-computadora promete un futuro de experiencias de aprendizaje inmersivas, adaptativas y sorprendentemente personalizadas.

Además, el uso creciente de la inteligencia artificial federada para el aprendizaje y la preservación de la privacidad aborda algunas de las preocupaciones anteriores sobre la protección de datos y la privacidad de los estudiantes.

Los gobiernos y los centros educativos han comenzado a adoptar estrategias nacionales de IA en la educación. Por ejemplo, las autoridades chinas han invertido fuertemente en aulas basadas en IA, mientras que la Unión Europea ha priorizado los marcos éticos y la implementación responsable.

El desarrollo histórico de la IA en la educación muestra no solo una evolución tecnológica, sino también un conocimiento cada vez más profundo de la pedagogía, la cognición humana y la equidad social. La evolución desde los tutores primitivos basados en reglas hasta los grandes modelos lingüísticos actuales integrados en los sistemas de gestión del aprendizaje demuestra cómo la IA ha evolucionado de una posibilidad teórica a una necesidad práctica.

Sin embargo, persisten situaciones desafiantes: equidad en el acceso, implementación ética, formación de docentes y evitar la dependencia excesiva de sistemas informáticos. La siguiente etapa de la IA en la educación posiblemente se definirá mediante una colaboración equilibrada entre educadores humanos y sistemas inteligentes, donde la IA apoya, pero no actualiza, los elementos humanos esenciales de empatía, creatividad y juicio ético en la educación.

Como indican los registros, el papel de la IA en la educación no consiste en cambiar a los docentes, sino en empoderarlos y ayudar a cada estudiante a desarrollar su capacidad a través de experiencias de aprendizaje inteligentes, inclusivas y personalizadas.

CAPÍTULO 2

Educación personalizada

2.1. IA y modelos educativos centrados en el estudiante

La inteligencia artificial (IA) tiene el potencial de revolucionar el panorama educativo. En particular, los modelos educativos centrados en el estudiante se han vuelto más ecológicos y eficaces gracias a las tecnologías de IA. Dado que el propósito fundamental de la educación es brindar una experiencia adaptada a las necesidades, patrones de aprendizaje e intereses de cada alumno, las oportunidades que ofrece la IA son de suma importancia.

La educación centrada en el estudiante ofrece una técnica en la que cada alumno recibe una experiencia adaptada a su ritmo de aprendizaje, oportunidades y fortalezas. La IA permite al profesorado comprender mejor a sus alumnos e intervenir de forma que se adapte a su proceso de aprendizaje. Esta filosofía educativa considera las diferencias individuales en el aula y ayuda a cada alumno a alcanzar su máximo potencial.

La IA tiene la capacidad de identificar las dificultades de los estudiantes universitarios durante el proceso de aprendizaje y ofrecer la ayuda adecuada. Por ejemplo, si un estudiante tiene dificultades con una materia específica, las estructuras impulsadas por IA pueden proporcionar recursos adicionales o recomendar rutas de aprendizaje alternativas para abordar las áreas de comprensión con mayor eficacia. Este proceso permite a los profesores ofrecer comentarios más específicos y ecológicos a los estudiantes.

La IA permite visualizar continuamente el rendimiento general de los estudiantes. Al analizar el progreso de los estudiantes universitarios a lo largo de los años, permite identificar en qué áreas destacan y cuáles requieren mayor atención. Estos análisis ofrecen a los docentes la posibilidad de desarrollar estrategias adaptadas a las necesidades de cada estudiante.

El progreso de los estudiantes se puede monitorear constantemente con la ayuda de sistemas de IA, lo que permite intervenciones oportunas cuando es necesario. Esto permite a los docentes abordar a cada estudiante de forma que se ajuste a sus necesidades individuales, garantizando que el sistema de enseñanza sea lo más personalizado posible para cada alumno.

La formación personalizada incluye el suministro de materiales y técnicas adaptados a los diferentes estilos y ritmos de aprendizaje de los estudiantes. La IA puede recopilar información sobre cada estudiante y crear contenido adaptado a sus métodos de aprendizaje. Este contenido se basa en las experiencias de aprendizaje previas del estudiante, lo que permite al sistema ofrecer materiales de calidad que se ajusten a sus necesidades actuales.

Los estudiantes también pueden tener patrones de aprendizaje únicos, ya sean visuales, auditivos o kinestésicos. La IA puede comprender estos patrones únicos de aprendizaje y seleccionar las estrategias de enseñanza más adecuadas para cada estudiante. Por ejemplo, a un estudiante con un buen aprendizaje visual se le puede proporcionar contenido en video, mientras que a un estudiante auditivo se le pueden proporcionar audioconferencias o podcasts. Sin embargo, a los estudiantes kinestésicos sin experiencia se les proporcionarán actividades más prácticas o materiales interactivos.

Otra gran ventaja de la IA es su capacidad para ofrecer retroalimentación instantánea a los estudiantes universitarios. En la educación tradicional, los profesores tardan en ofrecer retroalimentación cuando un estudiante comete un error. Sin embargo, las estructuras de IA pueden analizar las respuestas de un alumno al instante y ofrecer comentarios en tiempo real. Esto acelera el proceso de aprendizaje y permite a los estudiantes comprender sus errores con mayor rapidez.

Los comentarios generados por IA también se pueden personalizar. Ofrecen sugerencias precisas para mejorar y estrategias para corregir errores. Además, la IA permite a los estudiantes monitorear su propio progreso, ya que pueden ver en qué áreas han avanzado y en qué temas aún les queda trabajo por hacer.

La IA desempeñará un papel cada vez más importante en el futuro de los modelos de formación orientados al alumnado. A medida que se disponga de contenido más personalizado y diseñado a medida, las tecnologías de IA podrán utilizarse con mayor eficacia para guiar a cada estudiante en su propio proceso de aprendizaje. La IA no solo permitirá a los profesores seguir el progreso de sus alumnos, sino que también les ayudará a ampliar sus métodos para que sus estrategias de formación sean más eficaces.

La formación basada en IA garantizará que se aborden las distintas velocidades de aprendizaje en el aula, creando un entorno educativo adaptado a cada estudiante. Esto es especialmente beneficioso para aquellos estudiantes que puedan tener dificultades o lagunas en su aprendizaje. El aprendizaje personalizado, impulsado por IA, ayudará a los estudiantes a estudiar más rápido y les proporcionará un entorno de aprendizaje más seguro y eficaz.

La IA y los modelos educativos orientados al estudiante tienen la capacidad de transformar las estructuras de formación. Los materiales de aprendizaje personalizados y los comentarios en tiempo real podrían hacer que el aprendizaje de estrategias sea más sostenible. Este enfoque crea un entorno académico más eficaz, no solo para los estudiantes, sino también para los docentes. La formación basada en IA ofrece la posibilidad de monitorizar el desarrollo individual de los estudiantes y crear estrategias personalizadas para cada uno. En el futuro, una mayor integración de la IA en la educación representará un paso sustancial en la evolución de los modelos de formación centrados en el estudiante.

2.2. Planes de aprendizaje personales e IA

Los planes personalizados de aprendizaje son fundamentales en las prácticas educativas actuales, cuyo objetivo es satisfacer las necesidades y competencias individuales de los estudiantes. La integración de la inteligencia artificial (IA) en estos planes ofrece un enfoque transformador, considerando una experiencia de aprendizaje más personalizada y adaptativa. Al analizar información de diversos recursos, la IA puede ayudar a los educadores a crear rutas de aprendizaje personalizadas para los estudiantes, garantizando que cada alumno reciba la guía y los recursos necesarios para alcanzar el éxito.

La IA permite la creación de planes de aprendizaje dinámicos e individualizados mediante la evaluación de los conocimientos previos, las habilidades, las opciones de aprendizaje y el progreso del estudiante a lo largo del tiempo. Estos planes de aprendizaje impulsados por IA van más allá de la simple personalización, adaptándose constantemente a las necesidades cambiantes, las exigencias y los éxitos del estudiante. Este enfoque personalizado contrasta con los modelos tradicionales de formación universal, ofreciendo una forma más ecológica y atractiva para que los estudiantes estudien a su propio ritmo.

Los sistemas de IA utilizan una gran cantidad de datos para crear planes de aprendizaje personalizados. Al recopilar datos de las interacciones de los alumnos, las evaluaciones de rendimiento y la participación en diversos materiales de estudio, la IA puede crear un perfil completo de las fortalezas y debilidades de cada estudiante. Este enfoque basado en datos permite a la IA recomendar recursos, actividades o deportes específicos para satisfacer las necesidades del alumno.

Por ejemplo, un estudiante con dificultades con una materia específica, como álgebra, debería recibir sugerencias de actividades adicionales o vídeos explicativos mediante un dispositivo de IA. Por otro lado, a un estudiante destacado en una materia se le puede proporcionar contenido más avanzado para mantenerlo motivado y motivado. Este nivel de personalización garantiza que los estudiantes se mantengan siempre dentro de su área de desarrollo próximo, un área donde no se sienten abrumados ni desfavorecidos.

La capacidad de la IA para procesar información en tiempo real permite que los planes de estudio se actualicen constantemente. A medida que los estudiantes completan tareas, exámenes o actividades de aprendizaje, se monitorea y analiza su rendimiento, lo que permite a la IA ajustar el plan de aprendizaje en función de la nueva información. Esto hace que los planes de estudio sean enormemente dinámicos y capaces de evolucionar junto con el desarrollo del estudiante.

Una de las principales ventajas de la IA es su papel en las tecnologías de aprendizaje adaptativo. Estas tecnologías permiten modificar la experiencia de aprendizaje en tiempo real según el rendimiento del estudiante. Por ejemplo, la IA puede adaptar el nivel de dificultad de las preguntas o tareas según el rendimiento del estudiante. Si un estudiante responde eficazmente a las preguntas, la IA puede proponerle desafíos más complejos para estimularlo y mejorar su aprendizaje. Por el contrario, si un estudiante tiene dificultades, la IA puede ofrecerle tareas más sencillas o motivaciones adicionales para ayudarle a desarrollar confianza y competencia.

El aprendizaje adaptativo, impulsado por IA, garantiza que cada estudiante se mantenga constantemente comprometido con el contenido a su nivel de dificultad adecuado. Esto elimina la frustración de estar demasiado adelantado o demasiado atrasado en el material y permite a los estudiantes aprender a su propio ritmo sin sentirse desatendidos ni abrumados.

Los programas de aprendizaje no presencial impulsados por IA permiten a los estudiantes tomar el control de su experiencia educativa. Dado que las herramientas de IA ofrecen sugerencias y recursos personalizados, los estudiantes tienen la autonomía de elegir cómo interactuar con el contenido. Este nivel de personalización fomenta una sensación de propiedad sobre el aprendizaje y fomenta una mayor motivación y participación. Los estudiantes pueden explorar áreas de interés con mayor profundidad y progresar a su propio ritmo, además de recibir orientación adaptada a sus necesidades.

Los planes de estudio basados en IA también pueden facilitar patrones de aprendizaje únicos. Algunos estudiantes universitarios también pueden beneficiarse de videotutoriales, mientras que otros pueden aprender mejor mediante eventos deportivos interactivos o materiales de estudio. Los sistemas de IA pueden comprender estas posibilidades y ofrecer sugerencias personalizadas, garantizando que cada estudiante tenga acceso a los recursos de aprendizaje adecuados para su estilo.

Además, la IA puede ofrecer retroalimentación inmediata a los estudiantes universitarios, permitiéndoles monitorear su progreso y realizar ajustes en su aprendizaje si es necesario. Este ciclo de retroalimentación anima a los estudiantes a participar activamente en su educación, además de fortalecer su sentido de organización y autonomía.

Una función clave de los planes de aprendizaje personalizados más adecuados para la IA es el seguimiento y ajuste continuos de la dirección de aprendizaje del estudiante. A diferencia de las estrategias convencionales, donde un plan de aprendizaje puede permanecer estático durante largos periodos, las estructuras de IA pueden adaptarlo basándose en estadísticas en tiempo real. Por ejemplo, si un estudiante mejora su rendimiento en un área específica, el dispositivo de IA puede aumentar la complejidad de las tareas o introducir contenido más avanzado. Por el contrario, si el estudiante presenta dificultades en un área específica, el dispositivo puede proporcionar materiales de práctica adicionales o recursos de capacitación.

Esta capacidad de evaluar y ajustar la adquisición de conocimientos sobre planes en tiempo real garantiza que los estudiantes reciban constantemente la ayuda adecuada. Además, permite a los educadores identificar áreas problemáticas con anticipación, lo que facilita la intervención antes de que las situaciones difíciles se vuelvan abrumadoras para el estudiante.

Si bien la IA puede brindar enormes beneficios en la creación de rutas de aprendizaje personalizadas, también es vital que los educadores participen en el proceso. La IA puede proporcionar información y consejos eficaces basados en estadísticas, pero, en última instancia, es responsabilidad del docente comprender el contexto más amplio de las necesidades, la personalidad y las circunstancias de cada estudiante. Por lo tanto, los planes de aprendizaje basados en IA deben considerarse una herramienta que complementa y mejora la función del educador, en lugar de reemplazarla.

Los docentes pueden usar la información proporcionada por la IA para tomar decisiones informadas sobre la organización de actividades en el aula, la dinámica de grupo y la asignación de recursos. Además, pueden colaborar con los estudiantes y sus familias para garantizar que los planes de estudio se personalicen para cumplir con los sueños y aspiraciones de cada estudiante. Este enfoque colaborativo puede ayudar a los estudiantes universitarios a alcanzar su máximo potencial y fomentar un entorno de aprendizaje más propicio.

A medida que la era de la IA se adapta, se prevé que los planes de aprendizaje personalizados se vuelvan aún más vanguardistas. La integración de la IA con tecnologías emergentes, como la realidad virtual y aumentada, el procesamiento del lenguaje natural y el aprendizaje automático, mejorará aún más la capacidad de crear experiencias de aprendizaje totalmente personalizadas e inmersivas. Estos avances permitirán rutas de aprendizaje aún más distintivas y dinámicas, haciendo que la educación sea cada vez más personalizada para las necesidades y posibilidades específicas de cada persona.

El futuro de los planes de aprendizaje personalizados impulsados por la IA es muy prometedor para la educación. A medida que se disponga de más información y los algoritmos de IA se vuelvan más precisos, los estudiantes se beneficiarán de planes de aprendizaje aún más precisos y eficaces. Esta tecnología tiene el potencial de ofrecer una experiencia educativa prácticamente individualizada, ayudando a los estudiantes a alcanzar su máximo potencial de una manera que no es posible con los métodos de formación tradicionales.

Los planes de aprendizaje personalizados basados en IA ofrecen un enfoque transformador para la educación. Al utilizar información basada en datos, la IA puede crear itinerarios de aprendizaje personalizados y dinámicos que satisfacen las necesidades individuales de los estudiantes. Con la capacidad de adaptarse en tiempo real, la IA garantiza que cada estudiante reciba el nivel adecuado de apoyo y desafío, lo que fomenta una mayor participación y logros. A medida que la tecnología de la IA continúa avanzando, la capacidad para una mayor personalización e innovación en la educación es enorme y, sin duda, desempeñará un papel crucial en el futuro del aprendizaje.

2.3. Métodos educativos basados en datos

Las técnicas académicas basadas en datos se combinan con el uso de datos y análisis para fundamentar las prácticas de formación, mejorar los resultados del aprendizaje y optimizar los análisis pedagógicos. La creciente disponibilidad de información en la formación —desde las métricas de rendimiento del alumnado hasta los niveles de participación y más allá— ha revolucionado la forma en que los educadores enfocan sus estrategias de enseñanza. La inteligencia artificial (IA) desempeña un papel fundamental en el aprovechamiento de estos datos para impulsar entornos de aprendizaje personalizados, ecológicos y eficaces.

El uso de datos en la formación no siempre es un concepto nuevo. Sin embargo, con las mejoras tecnológicas y la proliferación de equipos de aprendizaje virtuales, el alcance y la intensidad de las estadísticas educativas han aumentado significativamente. Los datos en educación pueden provenir de diversas fuentes, como evaluaciones estandarizadas, exámenes presenciales, sistemas de gestión del aprendizaje (LMS) o incluso datos conductuales que rastrean la participación e interacción de los estudiantes con los materiales de estudio.

En esencia, la información en la formación sirve para ofrecer un conocimiento más profundo del rendimiento general del alumnado, sus estilos de aprendizaje y áreas de mejora. Cuando se recopila y analiza eficazmente, estos datos pueden ofrecer información sobre cómo analizan los estudiantes, a qué desafíos se enfrentan y qué técnicas de enseñanza son las más adecuadas. La toma de decisiones basada en datos permite a los educadores ajustar sus estrategias en tiempo real y abordar mejor las diversas necesidades del alumnado.

La inteligencia artificial desempeña un papel fundamental en la recopilación, evaluación e interpretación de registros académicos. Gracias a su capacidad para procesar grandes cantidades de información de forma rápida y eficaz, la IA puede ofrecer información práctica que los educadores humanos podrían pasar por alto. Los sistemas impulsados por IA pueden analizar las respuestas de los estudiantes, predecir los resultados del aprendizaje e incluso identificar las deficiencias en el aprendizaje de capacidades antes de que se conviertan en obstáculos importantes.

Por ejemplo, las estructuras de gestión del estudio basadas en IA pueden monitorizar el progreso de un estudiante en diversas asignaturas y proporcionar informes específicos sobre las áreas en las que presenta dificultades. Esta información puede utilizarse para diseñar intervenciones y recursos específicos que ayuden a los estudiantes a superar situaciones difíciles y a mejorar su comprensión del tema.

La IA también puede procesar información sobre el comportamiento, como el tiempo que un estudiante dedica a una tarea específica o la frecuencia con la que interactúa con los recursos de aprendizaje. Al analizar estos datos, la IA puede proporcionar información sobre el nivel de participación, la motivación y el estado emocional del estudiante. Esto permite crear una imagen más completa de su experiencia de aprendizaje, lo que permite a los educadores brindar orientación donde más se necesita.

El análisis predictivo es otra característica clave de las técnicas de enseñanza basadas en la información, y la IA mejora considerablemente su capacidad. Al analizar datos históricos, los sistemas de IA pueden predecir los resultados del aprendizaje futuro e identificar tendencias en el rendimiento de los alumnos. Los modelos predictivos pueden ayudar a los educadores a anticipar desafíos, como los estudiantes con tendencia a quedarse atrás, aquellos que podrían necesitar más apoyo o aquellos que probablemente sobresalgan y requieran material más avanzado.

Por ejemplo, la IA puede predecir qué estudiantes universitarios son propensos a reprobar según sus calificaciones, asistencia y dedicación al material del curso. Con esta información, los educadores pueden intervenir tempranamente para ofrecer recursos adicionales, tutorías o estrategias personalizadas de aprendizaje. Por otro lado, la IA también puede ayudar a identificar a los estudiantes que destacan y recomendarles oportunidades de enriquecimiento para impulsarlos.

El análisis predictivo también desempeña un papel importante en la optimización del diseño de la dirección. Al consultar información de guías externas, los educadores pueden identificar qué áreas de contenido fueron más desafiantes para los estudiantes universitarios, en qué áreas el aprendizaje tuvo un mayor impacto y dónde podrían necesitarse recursos adicionales. Esto permite la mejora continua de los planes de estudio y garantiza que las estrategias de formación se adapten a las necesidades de la cohorte de vanguardia.

Una de las mayores ventajas de la educación basada en datos es la capacidad de ofrecer estudios de aprendizaje personalizados. Los sistemas de IA analizan datos de numerosos recursos para crear rutas de aprendizaje individualizadas para los estudiantes. Estas rutas se ajustan dinámicamente con base en datos en tiempo real, garantizando que cada estudiante reciba la dosis adecuada de misión y apoyo.

Por ejemplo, si un estudiante tiene dificultades con una materia específica, la IA puede recomendar recursos adicionales, ajustar el nivel de dificultad de las tareas u ofrecer guías paso a paso para ayudarle a comprender mejor el material. Por otro lado, si un estudiante progresa rápidamente, la IA puede ofrecerle contenido de mayor calidad para mantenerlo motivado y motivado.

Las intervenciones basadas en datos no solo son personalizadas, sino también muy específicas. Las técnicas educativas tradicionales suelen basarse en métodos generalizados que no satisfacen plenamente las necesidades específicas de cada estudiante. Sin embargo, con la ayuda de la IA y los datos educativos, las intervenciones pueden ser más precisas y estar alineadas con el perfil de aprendizaje de cada individuo. Esto se traduce en mejores resultados de aprendizaje y un uso más sostenible de los recursos educativos.

Los métodos basados en datos también permiten proporcionar comentarios en tiempo real a los estudiantes. Los exámenes académicos tradicionales, como las pruebas de fin de curso o las evaluaciones periódicas, ofrecen una imagen diferida del rendimiento general del alumno. Por el contrario, las estructuras basadas en IA pueden ofrecer comentarios inmediatos sobre el trabajo de los alumnos, lo que permite a los principiantes identificar sus errores y corregirlos antes de que se acumulen.

Por ejemplo, las estructuras de IA en los sistemas de aprendizaje en línea pueden calificar las tareas al instante y ofrecer comentarios sobre los errores del estudiante. Esto permite a los estudiantes revisar y refinar sus conocimientos de inmediato, promoviendo un método de aprendizaje más sostenible y atractivo. La retroalimentación en tiempo real fomenta una actitud de desarrollo al reforzar la idea de que los errores son parte del proceso de aprendizaje, lo que conduce a la mejora continua.

Además, la recopilación y el análisis de estadísticas en tiempo real permiten a los educadores ajustar sus técnicas de enseñanza sobre la marcha. Si una lección o un interés en particular no convence a los estudiantes, pueden modificar su método inmediatamente basándose en la información obtenida mediante sistemas de IA. Esta flexibilidad y adaptabilidad son clave para fomentar un entorno en el que los estudiantes puedan prosperar.

Si bien las estructuras de IA y los métodos basados en datos se centran principalmente en los resultados de los estudiantes, también ofrecen amplias ventajas a los docentes. Al analizar los registros educativos, la IA puede ayudar a los educadores a mejorar la eficacia de sus métodos de entrenamiento. Las herramientas basadas en IA pueden identificar qué estrategias de entrenamiento son más eficaces con grupos específicos de estudiantes universitarios, qué aprendizaje deportivo genera mayor participación y qué áreas requieren mayor interés.

Por ejemplo, la IA puede analizar cómo los diferentes métodos de enseñanza afectan los resultados del aprendizaje de los estudiantes. Si un enfoque funciona bien para principiantes visuales, pero no para principiantes auditivos, los datos pueden ayudar a los docentes a adaptar sus estrategias educativas para satisfacer mejor las necesidades de los diferentes principiantes. Esto facilita el desarrollo continuo de las prácticas de enseñanza y garantiza que los educadores utilicen métodos basados en la evidencia que se ajusten a las necesidades de los alumnos.

Además, el análisis basado en IA puede ayudar a reducir la carga de trabajo del profesorado mediante la automatización de responsabilidades, como la calificación y las obligaciones administrativas. Esto ofrece a los educadores más tiempo para centrarse en la interacción directa con los estudiantes y la formación personalizada. Al liberar tiempo, los métodos basados en la información permiten a los instructores concentrarse en las asignaturas más atractivas para los estudiantes y fomentar un excelente entorno de aprendizaje.

A medida que la tecnología avanza, la capacidad de las técnicas académicas basadas en estadísticas seguirá en aumento. La integración de la IA con tecnologías emergentes, como el aprendizaje automático, el procesamiento natural del lenguaje y la computación cognitiva, permitirá comprender mejor los estilos y comportamientos de aprendizaje de los estudiantes. Estos avances prometen crear sistemas de aprendizaje aún más personalizados, eficaces e inclusivos.

Además, el creciente uso de la información en la educación plantea importantes cuestiones sobre la privacidad y la seguridad de los datos. A medida que los datos educativos se vuelven más específicos y granulares, es fundamental garantizar la protección y el uso ético de los registros confidenciales de los estudiantes. Se requieren marcos adecuados de gobernanza estadística para proteger la privacidad, a la vez que se permiten los beneficios de la educación basada en datos.

Las técnicas educativas basadas en datos, impulsadas por la IA, están transformando la forma en que los educadores educan y los estudiantes estudian. Mediante la evaluación de grandes cantidades de datos académicos, la IA permite el aprendizaje personalizado de historias, el análisis predictivo y la retroalimentación en tiempo real, todo lo cual contribuye a mejorar los resultados del aprendizaje. A medida que la IA se adapta, la capacidad para intervenciones más específicas y eficaces aumentará, haciendo que la educación sea más personalizada y atenta a las necesidades de las personas. Con una cuidadosa atención a la privacidad de los datos y a las cuestiones éticas, los métodos basados en datos seguirán moldeando el futuro de la educación de forma profunda.

2.4. Gamificación e IA en las trayectorias de aprendizaje

La integración de la gamificación con la inteligencia artificial en entornos educativos representa una evolución transformadora en la forma de diseñar, introducir y entrenar el aprendizaje. Ante la lucha de los modelos tradicionales de orientación por mantener la participación en la era digital, educadores y desarrolladores han optado por mecanismos basados en el juego para reavivar la motivación del alumnado. Simultáneamente, la tecnología de IA ha permitido niveles excepcionales de adaptabilidad y personalización, permitiendo que estas historias gamificadas se adapten a los recién llegados en tiempo real. La convergencia de estos dos paradigmas eficaces —gamificación e IA— no solo ha redefinido la estructura de las rutas de aprendizaje, sino que también ha ampliado el papel de los alumnos, pasando de receptores pasivos a participantes activos en sus trayectorias educativas.

La gamificación, en esencia, implica la aplicación de factores de diseño deportivo, como factores, niveles, situaciones exigentes, insignias, tablas de clasificación y recompensas, en contextos no lúdicos, principalmente el entrenamiento. Los fundamentos psicológicos de la gamificación se basan en teorías de la motivación, principalmente en la idea de la autodedicación, que enfatiza la necesidad de autonomía, competencia y conexión. En entornos de estudio, estas necesidades se traducen en experiencias interactivas y gratificantes que fomentan una mayor implicación cognitiva. Sin embargo, por sí sola, la gamificación puede caer en la trampa de ser universal: motivadora para algunos estudiantes, inútil o incluso frustrante para otros. Aquí es donde la IA interviene como un aliado crucial, permitiendo que los sistemas gamificados no solo sean atractivos, sino también dinámicamente adaptables.

Los algoritmos de IA en los sistemas de aprendizaje actuales pueden analizar grandes cantidades de información del alumno, desde métricas de comportamiento como el tiempo dedicado a la tarea, los patrones de errores y las secuencias de interacción, hasta indicadores cognitivos, incluyendo el dominio del nivel de dificultad y los factores de disminución de la participación. Con estos datos, la IA puede configurar una ruta gamificada para alinearla con las opciones, objetivos y características de rendimiento del alumno. Por ejemplo, a un alumno que responde constantemente bien a las tareas basadas en tareas se le pueden ofrecer más tareas complejas, similares a juegos, mientras que a otro que muestre ansiedad bajo presión agresiva se le puede presentar una guía de aprendizaje más exploratoria y narrativa.

Una de las contribuciones más importantes de la IA al aprendizaje gamificado son los comentarios en tiempo real. A diferencia de las estructuras tradicionales que ofrecen comentarios estandarizados o erróneos, las plataformas basadas en IA pueden interpretar el progreso del alumno en el momento y ofrecer orientación, estímulo o apoyo correctivo a medida. Por ejemplo, los sistemas de tutoría inteligente integrados en un entorno gamificado pueden simular un maestro de juegos interactivo que ajusta la narrativa o el desarrollo del nivel en función de la asimilación de los estándares por parte del alumno. Esto garantiza que los principiantes se mantengan en su mejor nivel de desarrollo, evitando tanto el aburrimiento por tareas demasiado fáciles como la frustración por situaciones exigentes demasiado difíciles.

Otro detalle clave de esta sinergia es la tecnología dinámica de contenido. Mediante el procesamiento natural del lenguaje y la generación de contenido procedimental, la IA puede crear nuevos escenarios, preguntas o desafíos dentro de un sistema gamificado, haciendo que el aprendizaje sea más fluido y menos repetitivo. Aplicaciones para aprender idiomas como Duolingo, por ejemplo, utilizan la IA para determinar la compatibilidad perfecta entre el repaso y el contenido nuevo, ajustando los formatos de las lecciones y los niveles de dificultad según el rendimiento del usuario y su curva de aprendizaje. Las recompensas gamificadas (rachas, corazones, coronas) no se aplican de manera uniforme, sino que se ajustan algorítmicamente para fomentar los comportamientos de aprendizaje adecuados para cada individuo.

La gamificación también se nutre de la narración, y la IA desempeña un papel crucial en la personalización de las narrativas que se desarrollan a medida que los principiantes progresan en sus responsabilidades académicas. Mediante la evaluación de sentimientos y el análisis de aprendizaje, la IA puede verificar la interacción emocional y ajustar los arcos narrativos o las interacciones personales para conectar mejor con el alumno. En entornos inmersivos, como las aulas virtuales o los videojuegos educativos impulsados por IA, esta capacidad convierte conceptos abstractos en experiencias vividas. Por ejemplo, un estudiante que adquiere conocimientos de tecnología ambiental puede embarcarse en una aventura de juego personalizada por IA donde sus decisiones en el juego, respaldadas por contenido científico real, afectan a los ecosistemas, generando historias y resultados concretos que profundizan la comprensión.

El poder motivacional de la oposición y la colaboración —factores centrales en la gamificación— también se ve reforzado por la IA. Las tablas de clasificación, tradicionalmente estáticas y a menudo desmotivadoras para los estudiantes con puntuaciones más bajas, ahora pueden segmentarse dinámicamente con la ayuda de la IA en grupos psicológicamente más seguros, garantizando así que todos los estudiantes disfruten de una satisfacción práctica. La IA puede crear "competidores de sombra", bots que simulan a compañeros con niveles de habilidad similares, lo que permite a los principiantes experimentar una sensación de progreso y dominio sin las negativas consecuencias del contraste social que suelen encontrarse en las tablas de clasificación internacionales reales.

Además, la IA facilita el diseño de misiones de aprendizaje y adaptativas. Se trata de rutas establecidas compuestas por pequeñas situaciones desafiantes, similares a juegos, que enseñan de forma acumulativa un concepto o talento. En lugar de predefinir un conjunto estático de responsabilidades, la IA observa el rendimiento del alumno y reordena, modifica u omite elementos positivos para maximizar su eficacia. Un alumno con dificultades podría adquirir misiones más básicas con mejores recompensas instantáneas, mientras que un alumno avanzado podría enfrentarse a rompecabezas complejos y recibir recompensas simbólicas en lugar de extrínsecas. Con el tiempo, los modelos de IA evolucionan con el alumno, optimizando el entorno gamificado para una estimulación cognitiva y un bienestar emocional óptimos.

Es importante destacar que la convergencia de la gamificación y la IA también introduce nuevas posibilidades de evaluación. Los exámenes tradicionales suelen interrumpir el flujo de aprendizaje y podrían no captar las habilidades más complejas. En comparación, los entornos gamificados impulsados por IA permiten la evaluación discreta, una técnica en la que los estudiantes de primer año son evaluados constantemente a través de sus acciones de juego, sin ser examinados abiertamente. Estos exámenes se integran en la experiencia de aprendizaje y la IA los utiliza para actualizar los perfiles de los estudiantes en tiempo real. Esto permite a los educadores obtener información detallada sobre el desarrollo del aprendizaje, las ideas erróneas y las opciones de aprendizaje sin interrumpir la participación.

A pesar de su potencial transformador, la combinación de IA y gamificación en la educación no está exenta de desafíos. Las implicaciones morales de la manipulación del comportamiento, la privacidad de los registros y la dependencia motivacional de recompensas externas requieren una atención cuidadosa. La dependencia excesiva de estructuras de IA gamificadas podría reducir la motivación intrínseca o mercantilizar el aprendizaje en un conjunto de responsabilidades y recompensas. Además, el sesgo en los algoritmos de IA o una comprensión deficiente de la psicología del alumno en el diseño del juego pueden provocar la exclusión o la desconexión de ciertos grupos de estudiantes. Es fundamental garantizar que los sistemas gamificados basados en IA sean transparentes, inclusivos y estén alineados con los objetivos pedagógicos.

Además, es necesario capacitar a los educadores para que comprendan y utilicen estas herramientas correctamente. Las aplicaciones de desarrollo profesional deben incluir la formación en los conceptos de gamificación, los fundamentos de la alfabetización en IA y el uso ético de la tecnología. Solo así podrán los educadores integrar significativamente estos sistemas en los planes de estudio, en lugar de utilizarlos como complementos superficiales.

De cara al futuro, la fusión de la IA y la gamificación garantiza un panorama académico mucho más inmersivo y receptivo. Tecnologías emergentes como la interacción emocional, las interfaces mente- computadora y la realidad aumentada enriquecerán aún más la profundidad e interactividad de los videojuegos educativos. La IA podría detectar síntomas de fatiga, frustración o confusión y, en consecuencia, modificar la dinámica del juego, posiblemente pausando la misión, cambiando a una modalidad específica o aportando humor o empatía mediante avatares virtuales.

Además, la creciente sofisticación de los modelos de IA permitirá entornos de aprendizaje gamificados e hiperpersonalizados, donde cada estudiante participa en un juego único, basado en una pedagogía rigurosa, pero diseñado a partir de su propia curiosidad, comportamiento y ritmo. Estos entornos de aprendizaje pueden ir más allá de las asignaturas tradicionales, combinando contenido interdisciplinario con la resolución de problemas reales e internacionales de forma significativa y motivadora.

La transformación del aprendizaje de caminos mediante la integración de la gamificación y la IA no es solo una mejora tecnológica, sino que representa una reestructuración fundamental del método educativo. Posiciona a los principiantes como héroes en sus propias narrativas educativas, con el apoyo de sistemas inteligentes que se adaptan, guían y alientan. De este modo, sienta las bases para un futuro en el que la educación no solo sea más eficaz, sino también más satisfactoria, inclusiva y centrada en el ser humano, incluso cuando se imparte a través de máquinas.

La gamificación y la IA, aunque armonizadas cuidadosamente, ofrecen una gran promesa: un aprendizaje que parece un juego pero que alcanza la intensidad de una erudición; estructuras que entienden a los estudiantes ya no como puntos de datos, sino como mentes en evolución; y aulas tan dinámicas y atractivas como el sector en el que se organiza a los estudiantes para trabajar.

2.5. Sistemas de tutoría y mentoría basados en IA

La Inteligencia Artificial (IA) se ha convertido cada vez más en una fuerza transformadora en la educación, no solo como herramienta para la transmisión de contenido, sino como un facilitador inteligente de la orientación, la mentoría y la tutoría personalizadas. Los modelos educativos tradicionales a menudo no logran abordar las diversas necesidades de aprendizaje de los estudiantes universitarios, especialmente en entornos grandes o con recursos limitados. En comparación, las estructuras de mentoría y tutoría impulsadas por IA ofrecen apoyo escalable, adaptativo y siempre disponible, transformando el contexto de la práctica al imitar y mejorar la orientación humana. Estos sistemas representan un cambio de paradigma en la forma en que se conceptualizan y se ofrecen la mentoría y la asistencia académica, haciendo que el aprendizaje sea más accesible, receptivo y personalizado.

En esencia, los sistemas de mentoría y tutoría impulsados por IA buscan replicar o mejorar la ayuda que ofrece un profesor o mentor humano. Esto incluye aclarar estándares complejos, guiar técnicas de resolución de problemas, ofrecer estímulo emocional y adaptar las estrategias de enseñanza a los perfiles de cada estudiante. Gracias a las mejoras en aprendizaje automático, procesamiento del lenguaje natural (PLN), representación tecnológica y modelado de personas, estos sistemas han evolucionado mucho más allá de sus primeros prototipos. Hoy en día, pueden simular el habla, analizar el comportamiento de aprendizaje en tiempo real, personalizar las rutas de aprendizaje e incluso responder con empatía a las emociones del estudiante.

Una de las primeras aplicaciones de la IA en la tutoría fue el desarrollo de los Sistemas Inteligentes de Tutoría (SIT) en las décadas de 1980 y 1990. Estas estructuras, junto con el Tutor Cognitivo de la Universidad Carnegie Mellon y el AutoTutor de la Universidad de Memphis, se basaron en una IA basada en reglas que codificaba el conocimiento del dominio y la comprensión pedagógica. Empleaban una estructura de tres niveles: un modelo de sitio que representaba el número de problemas, un modelo de estudiante que rastreaba el conocimiento y el progreso del alumno, y un modelo pedagógico que identificaba las técnicas académicas. Si bien estos sistemas eran innovadores, a menudo eran inflexibles, costosos de construir y se limitaban a áreas específicas como el álgebra o la física.

Con el auge de los grandes datos, la computación en la nube y las estrategias avanzadas de aprendizaje automático en la década de 2010, los sistemas de tutoría basados en IA experimentaron una transformación fundamental. Las estructuras modernas no se limitan a políticas predefinidas ni a árboles de decisión; en cambio, aprovechan el análisis predictivo y la reputación de muestras para adaptarse dinámicamente. Sistemas como Knewton, ALEKS y Squirrel AI en China utilizan grandes conjuntos de datos para identificar lagunas en el aprendizaje, predecir resultados y modificar la entrega de contenido en tiempo real. Estas plataformas analizan continuamente las interacciones de los usuarios, perfeccionando sus técnicas educativas para adaptarse mejor al estado cognitivo, la velocidad y las preferencias del alumno.

Una característica definitoria de los sistemas actuales de tutoría basados en IA es su capacidad para realizar evaluaciones continuas y formativas. A diferencia de las pruebas convencionales que ofrecen comentarios a posteriori, los tutores de IA pueden revelar cada pulsación de tecla, respuesta, duda y clic, creando un perfil de comportamiento completo del estudiante. A partir de esta información, el sistema puede inferir no solo el dominio del contenido, sino también comprender estrategias, niveles de motivación o incluso estados emocionales. Por ejemplo, si un estudiante comete errores por descuido repetidamente o muestra signos de desconexión, la IA puede intervenir con mensajes de ánimo, ofrecer un módulo de evaluación o cambiar a un formato educativo diferente.

El procesamiento del lenguaje natural también ha revolucionado la mentoría basada en IA, permitiendo que los sistemas capten y generen diálogos similares a los humanos. Los vendedores virtuales, como los chatbots o los tutores de voz, ahora pueden mantener conversaciones contextuales, explicar ideas, formular preguntas inquisitivas y ofrecer recomendaciones personalizadas. Estos vendedores pueden simular estrategias de pensamiento socrático, animando a los estudiantes a pensar críticamente y a articular su razonamiento. Algunas plataformas integran reconocimiento de voz y análisis de sentimientos para detectar tono, tensión y señales afectivas, lo que permite que el dispositivo responda con empatía y ajuste su comportamiento.

Más allá de la tutoría adaptada a los desafíos, la IA se adentra en el mundo de la mentoría holística, ofreciendo orientación sobre el establecimiento de objetivos, la gestión del tiempo, el desarrollo de hábitos e incluso el desarrollo profesional. Mentores virtuales como Watson Tutor de IBM o plataformas de IA asociadas en la educación pueden ayudar a los estudiantes a diseñar planes de estudio, sugerir cursos alineados con sus intereses profesionales y presentar recordatorios y estímulos motivacionales. Estos sistemas se basan en gráficos de conocimiento significativos, historiales de usuarios y modelos predictivos para generar sugerencias inteligentes que evolucionan a medida que el estudiante progresa.

La mentoría con IA es especialmente valiosa en contextos donde los recursos de mentoría humana son escasos o su disponibilidad es irregular. En escuelas con financiación insuficiente, regiones remotas o en momentos de disrupciones globales como la pandemia de COVID-19, los sistemas de IA han proporcionado continuidad y equidad en el apoyo educativo. Ofrecen accesibilidad 24/7, competencias multilingües y la capacidad de atender a miles de estudiantes simultáneamente sin comprometer la calidad de la orientación. Esta escalabilidad convierte a la mentoría impulsada por IA en una solución prometedora para abordar las disparidades educativas y democratizar el acceso a un apoyo académico satisfactorio.

Otra tendencia emergente es la integración de la tutoría impulsada por IA en entornos de aprendizaje colaborativo y social. Las plataformas exploran cómo la IA puede facilitar la tutoría entre pares, las sesiones de prueba grupales y los foros de discusión. Por ejemplo, la IA puede analizar el comunicado de una clase para identificar ideas erróneas, destacar contribuciones valiosas o sugerir recursos. También puede adaptar la tutoría entre pares a estudiantes con fortalezas y debilidades complementarias. De esta forma, la IA no solo ayuda a los estudiantes de primer año a caracterizarse, sino que también mejora la dinámica del aprendizaje colaborativo.

A pesar de estas ventajas, la implementación de sistemas de mentoría y tutoría basados en IA conlleva desafíos esenciales. Un tema fundamental es el uso ético de la información del alumnado. Estos sistemas requieren acceso a información privada exclusiva, como datos académicos, patrones de comportamiento y, en ocasiones, incluso registros biométricos. Es fundamental garantizar que la información se recopile de forma transparente, se almacene de forma segura y se utilice de forma responsable. Asimismo, existe el riesgo de sesgo algorítmico, ya que los sistemas de IA pueden agravar involuntariamente las desigualdades existentes o proporcionar directrices irrelevantes basadas en información educativa errónea.

El alcance emocional y relacional de la mentoría humana es otro aspecto en el que la IA aún enfrenta obstáculos. Si bien los tutores de IA pueden simular empatía hasta cierto punto, carecen de la comprensión real, los matices culturales y la brújula moral que poseen los mentores humanos. La dependencia excesiva de las estructuras de IA podría devaluar inadvertidamente los componentes humanos de la educación que fomentan la identidad, la resiliencia y el pensamiento ético. Por lo tanto, la mentoría impulsada por IA debería considerarse un complemento, no un sustituto, de la ayuda humana.

Para abordar estos problemas, los modelos híbridos de mentoría y tutoría están ganando popularidad. En estos modelos, la IA proporciona ayuda básica (gestionando consultas recurrentes, ofreciendo sugerencias de contenido y monitorizando el progreso), mientras que los educadores humanos intervienen en situaciones complejas, emocionales o éticas. Los docentes pueden usar paneles generados por IA para mostrar el progreso de los alumnos, comprender a los principiantes en riesgo y adaptar sus intervenciones de forma más eficiente. Esta colaboración entre el usuario y el dispositivo mejora la escalabilidad y la comodidad.

Desde una perspectiva de diseño, el éxito de las estructuras de mentoría de IA depende de su usabilidad, transparencia y alineación con los objetivos pedagógicos. Las interfaces deben ser intuitivas, culturalmente sensibles y atractivas. La lógica detrás de las directrices de IA debe ser explicable tanto para estudiantes universitarios como para educadores, fomentando la reflexión y la experiencia. Además, estos sistemas deben evaluarse continuamente para garantizar que cumplan con los objetivos de aprendizaje y se adapten a las diversas necesidades de los estudiantes.

De cara al futuro, el futuro de la mentoría y la tutoría impulsadas por IA posiblemente esté determinado por diversas tendencias tecnológicas y sociales. La creación de modelos lingüísticos masivos, incluyendo estructuras basadas en GPT, está permitiendo diálogos más fluidos, contextuales y multifacéticos que se asemejan mucho al intercambio verbal humano. La IA se vuelve más proactiva, anticipando las necesidades de los estudiantes e iniciando intervenciones antes de que surjan problemas. Los avances en computación afectiva permitirán que las estructuras respondan con mayor sensibilidad a las emociones de los estudiantes, reduciendo la tensión y mejorando la participación.

Además, la convergencia de la IA con la realidad virtual (RV) y la realidad aumentada (RA) generará experiencias de tutoría inmersivas. Los estudiantes podrían acceder a laboratorios virtuales, simulaciones históricas o espacios colaborativos de resolución de problemas donde mentores de IA los guiarán en tareas complejas en entornos interactivos y enriquecedores. Estos informes no solo mejorarán los resultados del aprendizaje, sino que también prepararán a los estudiantes para futuros puestos que requieren adaptabilidad, creatividad y fluidez tecnológica.

Las estructuras de mentoría y tutoría impulsadas por IA no son solo una innovación tecnológica; constituyen una reinvención del sistema educativo. Al proporcionar orientación personalizada, oportuna y escalable, tienen la capacidad de reducir las brechas de rendimiento, fomentar el aprendizaje permanente y empoderar a los estudiantes para que se responsabilicen de sus experiencias educativas. Sin embargo, comprender esta capacidad requiere un diseño reflexivo, una gobernanza ética y un conocimiento claro de las funciones complementarias que desempeñan las personas y las máquinas en el proceso de aprendizaje.

En un mundo donde el conocimiento avanza rápidamente y los modelos educativos tradicionales son cada vez más exigentes, los mentores y tutores impulsados por IA ofrecen una visión de aprendizaje receptiva, inclusiva y preparada para el futuro. Su éxito no dependerá de cuán bien imiten a los humanos, sino de cuán bien los usemos para fomentar el espíritu humano de interés, desarrollo y conexión.

2.6. Adaptación de la distribución de contenido con IA

El proceso de entrega de contenido en la formación ha seguido históricamente un método uniforme, lineal y estandarizado. Ya sea en aulas físicas, libros de texto o en los primeros entornos de aprendizaje electrónico, los estudiantes han estado sujetos durante mucho tiempo al mismo ritmo, los mismos materiales y las mismas estrategias académicas, independientemente de sus necesidades, habilidades o aficiones de aprendizaje. Esta versión, aunque incipiente para la educación masiva, no tiene en cuenta la gran heterogeneidad entre los estudiantes. Con la aparición y el desarrollo de la inteligencia artificial (IA), esta tensión de larga data está experimentando una transformación fundamental. La IA no solo complementa la entrega de contenido, sino que la está revolucionando al adaptar los materiales dinámicamente, adaptando la experiencia educativa a cada estudiante en tiempo real y creando un entorno en el que la educación responde a la persona, en lugar de que la persona se adapte a la máquina.

La adaptación de la entrega de contenido con IA se refiere al sistema mediante el cual las estructuras inteligentes regulan el diseño, la forma, el tiempo, el tema, la modalidad o incluso la recopilación de materiales de aprendizaje, basándose en el rendimiento general, las decisiones y los deseos de cada estudiante, que se supervisan continuamente. A diferencia de los sistemas estáticos, las estructuras basadas en IA utilizan información basada en datos para tomar decisiones pedagógicas que antes estaban reservadas a instructores humanos expertos. El resultado es una experiencia de aprendizaje más personalizada, atractiva y eficaz.

En el centro de este proceso de edición se encuentra la capacidad de la IA para adquirir, interpretar y actuar sobre una enorme cantidad de datos del alumno. Esto incluye no solo datos cuantitativos como las puntuaciones de las pruebas, el tiempo dedicado a las tareas, los patrones de clics y la precisión de las respuestas, sino también indicadores más matizados como la tasa de vacilación, la confianza en la reacción, las expresiones faciales (en formatos de vídeo), el tono de voz y el análisis de sentimientos. Al agregar estos datos e incorporarlos a modelos predictivos y algoritmos de aprendizaje, los sistemas de IA crean perfiles completos del alumno que indican cómo, cuándo y qué contenido debe entregarse.

Una de las primeras manifestaciones de la entrega de contenido adaptado por IA se observa en las estructuras de aprendizaje adaptativo, como DreamBox (para matemáticas), Smart Sparrow (para educación superior) y Knewton (para diversas asignaturas de primaria y secundaria). Estas estructuras determinan constantemente las respuestas de los alumnos de primer año al contenido educativo y utilizan algoritmos para determinar la siguiente actividad adecuada. Por ejemplo, si un alumno tiene dificultades constantes con la multiplicación de varios dígitos, pero destaca en los problemas conceptuales, el sistema puede adaptarse proporcionando mayores ayudas visuales, desglosando el contenido en pasos más pequeños y reforzando las habilidades matemáticas fundamentales antes de reintroducir la complejidad.

La IA no solo adapta eficazmente el nivel de dificultad, sino también la modalidad del contenido. Algunos principiantes pueden destacar con explicaciones visuales, mientras que otros pueden requerir narraciones auditivas o simulaciones prácticas. Las estructuras de IA, preparadas con capacidades de aprendizaje automático, pueden determinar qué formatos generan la mayor participación y retención para cada alumno y, en última instancia, ofrecen el contenido en el formato más adecuado. Por ejemplo, a un estudiante de biología celular se le puede proporcionar un modelo 3D interactivo de una célula, mientras que a otro se le puede proporcionar una animación narrada o un tutorial basado en texto, según sus interacciones previas y métricas de rendimiento.

Además, el procesamiento natural del lenguaje (PLN) ha aumentado drásticamente el potencial de la IA para ofrecer contenido personalizado en formato lingüístico. Las estructuras impulsadas por IA ahora pueden generar argumentos, parafrasear ideas complejas y responder a las preguntas de los estudiantes mediante un lenguaje conversacional que se adapta a su nivel de aprendizaje y uso del vocabulario. Los chatbots y tutores digitales, impulsados por grandes modelos lingüísticos, son cada vez más capaces de mantener diálogos significativos y contextualizados, proporcionando definiciones, aclaraciones y ejemplos adaptados al nivel actual de conocimiento del estudiante.

En aplicaciones de aprendizaje de idiomas, como Duolingo o Elsa Speak, la IA no solo adapta el contenido, sino también el ritmo, la adaptación, el tipo de retroalimentación e incluso la frecuencia de la revisión. Estos sistemas examinan la pronunciación, los errores gramaticales y la participación del usuario para ofrecer actividades físicas que llenen las lagunas de conocimiento sin abrumar al alumno. El objetivo es lograr el equilibrio óptimo entre la misión y el apoyo, un equilibrio que los teóricos académicos denominan "zona de desarrollo próximo". La IA estructura la búsqueda dinámica de esta área para cada alumno, asegurándose de que el contenido no sea ni demasiado simple ni demasiado complejo.

Otra área importante de la entrega de contenido adaptado por IA es el aprendizaje basado en evaluaciones. En este caso, las pruebas formativas se integran a la perfección en la experiencia de aprendizaje y sus resultados influyen directamente en el contenido añadido posteriormente. En lugar de esperar a que se abandonen los exámenes de la unidad, los sistemas de IA comparan el aprendizaje continuamente. Según el rendimiento en las micropruebas, la IA decide si mejorar al alumno, repasar temas relevantes o presentar contenido mediante ejemplos y analogías alternativos. Esto crea un ciclo de comentarios donde la evaluación y la orientación se entrelazan, mejorando tanto la eficacia como el rendimiento.

La IA también desempeña una función generalizada en la adaptación de la secuenciación de contenidos, determinando el orden en que se imparten las asignaturas o habilidades. Mientras que los currículos convencionales siguen un desarrollo lineal, la IA permite itinerarios flexibles y no lineales que se adaptan al progreso del alumno. Por ejemplo, en un curso de informática, un estudiante podría omitir el sentido común condicional básico si su rendimiento indica dominio y, en su lugar, ser dirigido a tareas de preguntas algorítmicas más avanzadas. Por el contrario, a otro estudiante con dificultades con la sintaxis probablemente se le proporcionen módulos más básicos antes de intentarlo. Esto facilita una educación diferenciada a gran escala.

Más allá de la edición individual, la IA se utiliza cada vez más para adaptar la impartición de contenido a nivel de aula o de grupo. Las estructuras inteligentes pueden analizar datos agregados de todo un grupo y recomendar planes de clase diferenciados para el profesor, agrupando a los alumnos según sus necesidades de aprendizaje, estilos o progreso. Esto permite una gestión más eficaz del aula y garantiza que todos los alumnos reciban la guía educativa adecuada, incluso en aulas con capacidades diversas o mixtas.

El modelo contextual es otra frontera emergente. Las estructuras de IA están empezando a recordar el entorno, el estado emocional y la carga cognitiva del alumno. Si un estudiante utiliza un dispositivo móvil en un entorno ruidoso o con distracciones, el dispositivo puede cambiar a tareas más cortas y enfocadas. Si el alumno parece fatigado o emocionalmente desconectado (detectado mediante reconocimiento de emociones por webcam o análisis de comportamiento), el sistema puede pausar la lección, ofrecer un vídeo motivador o cambiar a un juego para recuperar la atención. Estas variaciones contextuales mejoran no solo los resultados del aprendizaje, sino también el bienestar y la motivación.

Además, la IA puede facilitar la entrega de contenido multilingüe y la traducción en tiempo real, lo que hace que la educación sea más inclusiva para poblaciones con diversidad lingüística. Una misma lección puede traducirse automáticamente a varios idiomas, o el reconocimiento de voz puede ayudar a los estudiantes a practicar la pronunciación con correcciones instantáneas. La IA también puede adaptar las referencias culturales y los ejemplos del contenido para que se ajusten a la herencia del alumno, mejorando la comprensión y la empatía.

A medida que la entrega de contenido adaptativo se vuelve más avanzada, las consideraciones éticas adquieren una importancia primordial. Personalizar el contenido implica recopilar y analizar información confidencial de los estudiantes. Garantizar la transparencia en el uso de la información, mantener protocolos de seguridad sólidos y dar a estudiantes y educadores control sobre la configuración de personalización son vitales para mantener la confianza y proteger la privacidad. Además, se debe tener cuidado para garantizar que el modelo no fortalezca inadvertidamente los estereotipos ni restrinja la exposición a contenido diverso. Por ejemplo, si un sistema de IA siempre asigna contenido más fácil a los estudiantes que inicialmente tienen dificultades, puede limitar su potencial en lugar de proyectar su desarrollo.

Otra tarea consiste en garantizar la coherencia pedagógica. Si bien la IA puede optimizar la entrega de contenido para clientes individuales, debe lograrlo dentro de un currículo que mantenga la integridad conceptual y se ajuste a los requisitos de estudio. El objetivo no es entregar fragmentos aleatorios de estudio, sino a los principiantes manuales mediante informes coherentes, significativos y acumulativos. Esto requiere una estrecha colaboración entre desarrolladores de IA, educadores y diseñadores académicos.

De cara al futuro, es probable que la IA se profundice en la adaptación de la distribución de contenido. Los avances en IA generativa permitirán que las estructuras creen contenido completamente nuevo sobre la marcha, generando ejemplos, cuestionarios, simulaciones o pasajes de estudio personalizados para cada persona, adquiriendo conocimiento sobre sus necesidades y contextos. La integración con la realidad aumentada (RA) y la realidad virtual (RV) ofrecerá contenido inmersivo y adaptativo que reacciona a los movimientos, decisiones y comportamiento de los usuarios en tiempo real. La IA emocionalmente inteligente también perfeccionará la forma de añadir contenido, respondiendo no solo a indicadores cognitivos, sino también a estados afectivos.

La IA también desempeñará un papel fundamental en el aprendizaje permanente, ayudando a los adultos a actualizar sus habilidades y competencias correctamente. Se podrían generar dinámicamente itinerarios de aprendizaje personalizados basados en las aspiraciones profesionales, las habilidades existentes y el historial de aprendizaje, guiando a los estudiantes mediante microcredenciales adaptativas y ecosistemas de formación modulares.

La adaptación de la entrega de contenido mediante IA marca un cambio profundo en la filosofía y la práctica académica. Transforma la educación de un servicio estático y de producción en masa a una experiencia dinámica centrada en el alumno. Al revisar, ajustar y optimizar continuamente la entrega del contenido, la IA permite un conocimiento más profundo, una participación sostenida y un acceso equitativo a una formación de primera calidad. Si bien persisten los desafíos, la capacidad de adaptar la educación al ritmo, estilo y potencial únicos de cada alumno no es un sueño, sino una realidad en desarrollo.

CAPÍTULO 3

Aulas asistidas por inteligencia artificial

3.1. El papel físico y digital de la IA en la educación

La integración de la inteligencia artificial en la educación ha provocado una profunda transformación tanto en la dimensión física como virtual de los entornos de aprendizaje. La presencia de la IA en las aulas se extiende más allá de los programas de software e incluye asistentes robóticos, plataformas de aprendizaje adaptativo e infraestructura inteligente que complementa la enseñanza y el aprendizaje. En el ámbito digital, los sistemas impulsados por IA facilitan el aprendizaje personalizado, automatizan las tareas administrativas y ofrecen comentarios en tiempo real a estudiantes y educadores. Comprender el papel multifacético de la IA en la educación requiere analizar su impacto en las aulas tradicionales, los sistemas de aprendizaje en línea y la evolución de la relación entre la generación y la pedagogía.

Uno de los componentes más visibles de la IA en la formación es su presencia en las aulas físicas. Escuelas de todo el mundo están adoptando pizarras inteligentes, robots tutores impulsados por IA y asistentes de voz para enriquecer el aprendizaje interactivo. Estos dispositivos actúan como educadores complementarios, ayudando a los profesores a impartir instrucciones, responder a las preguntas de los alumnos y presentar itinerarios de aprendizaje individualizados.

Por ejemplo, se han implementado asistentes de enseñanza robóticos en numerosos entornos educativos para guiar a los estudiantes en asignaturas como matemáticas, tecnología y aprendizaje de idiomas. Estos asistentes, impulsados por IA, pueden reconocer las emociones de los estudiantes, responder preguntas y adaptar sus técnicas de enseñanza según sus estilos de aprendizaje. Su capacidad para procesar y analizar las respuestas de los estudiantes en tiempo real permite realizar ajustes dinámicos en las clases, garantizando que los estudiantes reciban una orientación personalizada según sus necesidades.

aplicación masiva de la IA en las aulas físicas es el uso de sistemas inteligentes de vigilancia y gestión. Las cámaras con IA pueden monitorizar la participación de los estudiantes, detectar síntomas de distracción e incluso evaluar los niveles de participación. Estos datos ayudan a los docentes a perfeccionar sus técnicas de enseñanza y a fomentar un ambiente más atractivo en el aula. Además, la IA puede automatizar las tareas administrativas, como el control de asistencia, la calificación de tareas y la organización de planes de clase, reduciendo así la carga de trabajo de los docentes.

Más allá del aula física, la IA desempeña un papel importante en la configuración de la educación virtual. Las estructuras de aprendizaje en línea aprovechan la IA para ofrecer contenido personalizado, evaluar el desarrollo de los estudiantes y recomendar recursos según su desempeño. Los sistemas de gestión del aprendizaje (LMS) basados en IA pueden monitorizar el comportamiento de los estudiantes, identificar lagunas en el aprendizaje y recomendar actividades físicas personalizadas para mejorar la comprensión.

Uno de los aspectos más transformadores de la IA en la educación digital es el aprendizaje adaptativo. A diferencia de las técnicas de enseñanza convencionales, los sistemas de aprendizaje adaptativo utilizan algoritmos de IA para analizar las respuestas de los alumnos y modificar el nivel de dificultad de las actividades deportivas en tiempo real. Estas estructuras ayudan a los alumnos a desarrollarse a su propio ritmo, reforzando los principios con los que luchan mientras omiten contenido que ya dominan. Esta técnica complementa notablemente la eficiencia y la retención del aprendizaje.

Los chatbots y tutores digitales con IA se han convertido en componentes clave de los entornos de aprendizaje virtual. Estos equipos ofrecen asistencia instantánea a los estudiantes, respondiendo preguntas y guiándolos a través de conceptos complejos. En la educación superior, los asistentes de investigación con IA ayudan a los estudiantes a analizar grandes cantidades de información, resumir trabajos académicos o incluso generar información basada en modelos de aprendizaje automático.

A medida que la educación evoluciona hacia un modelo híbrido que combina la formación presencial y en línea, la IA acorta la distancia entre el aprendizaje presencial y virtual. Las herramientas de colaboración impulsadas por IA permiten una comunicación fluida entre estudiantes y profesores, independientemente de su ubicación. Funciones como la transcripción automática, la traducción en tiempo real y los resúmenes generados por IA facilitan el acceso al contenido educativo para diversos principiantes.

La IA también desempeña una función crucial en la evaluación del rendimiento general de los estudiantes en entornos de aprendizaje híbridos. Las pruebas tradicionales se están complementando o sustituyendo con evaluaciones impulsadas por IA que examinan la comprensión del alumno mediante una evaluación continua, en lugar de puntuaciones de exámenes individuales. Los sistemas de IA pueden detectar patrones de conducta en los alumnos, predecir resultados académicos y ofrecer estrategias de intervención para prevenir reveses en el aprendizaje.

A pesar de sus numerosas ventajas, la implementación de la IA en la educación plantea desafíos éticos y logísticos. La dependencia de equipos de vigilancia basados en IA, por ejemplo, genera preocupación por la privacidad y la seguridad de los datos de los alumnos. Las escuelas e instituciones deben garantizar que los sistemas de IA cumplan con las normas éticas para evitar sesgos, violaciones de datos y el uso indebido de los datos de los estudiantes.

Además, puede existir un debate en curso sobre el papel de la IA en la transformación de los educadores humanos. Si bien la IA puede enriquecer los estudios de aprendizaje, no puede reflejar el toque humano, la inteligencia emocional y la mentoría que ofrecen los instructores. En lugar de transformar a los educadores, la IA debe verse como una herramienta que potencia sus habilidades, permitiéndoles centrarse en el pensamiento crítico, la creatividad y las habilidades interpersonales.

La posición de la IA en la educación abarca tanto el ámbito físico como el digital, revolucionando la forma en que los estudiantes aprenden y los docentes forman. Desde robots impulsados por IA en las aulas hasta sistemas de aprendizaje adaptativos en la formación en línea, las innovaciones impulsadas por la IA siguen transformando el panorama del aprendizaje. Sin embargo, el logro de la integración de la IA depende de consideraciones éticas, una implementación eficaz y un enfoque equilibrado que conserve los importantes factores humanos de la educación. A medida que la tecnología de la IA se adapte, su impacto en la educación sin duda crecerá, ofreciendo nuevas oportunidades para mejorar la accesibilidad, la participación y las experiencias de aprendizaje personalizadas.

3.2. Interacción profesor-alumno en la educación mejorada con IA

La inteligencia artificial está revolucionando la forma en que profesores y estudiantes universitarios interactúan en entornos académicos. Las técnicas de formación tradicionales se basan en la comunicación directa, la interacción presencial y currículos basados en la experiencia. Sin embargo, las herramientas impulsadas por IA están transformando estas dinámicas mediante la introducción de experiencias de aprendizaje personalizadas, mecanismos de comentarios automatizados y sistemas de tutoría inteligentes. Si bien la IA puede facilitar un aprendizaje más eficiente, la pregunta clave sigue siendo: ¿Cómo afecta la IA a las relaciones profesor-alumno? Esta sección explora el papel cambiante de la IA en el aula, su impacto en las interacciones profesor-alumno y los desafíos de integrar la IA manteniendo la esencia humana de la educación.

La IA sirve de puente entre estudiantes y profesores al automatizar las responsabilidades administrativas, proporcionar consejos personalizados y mejorar la participación. Las plataformas basadas en IA analizan el rendimiento de los alumnos en tiempo real, lo que permite a los profesores centrarse en la orientación individualizada en lugar de dedicar demasiado tiempo a la calificación, la planificación de clases y la evaluación.

Por ejemplo, las estructuras de control de aprendizaje (LMS) impulsadas por IA facilitan el progreso de los estudiantes de música y ofrecen contenido personalizado. Estos sistemas detectan las áreas de conflicto entre los estudiantes y recomiendan juegos físicos a medida, lo que permite a los instructores ofrecer asistencia específica. La IA también facilita la traducción de idiomas, facilitando la formación en aulas multilingües.

Además, los chatbots y los asistentes virtuales permiten a los estudiantes hacer preguntas en cualquier momento, incluso fuera del horario escolar. Los tutores de IA ofrecen comentarios instantáneos, lo que permite a los estudiantes practicar conceptos a su propio ritmo. Esto reduce la carga de trabajo de los docentes y garantiza que los estudiantes reciban apoyo continuo.

Sin embargo, si bien la IA mejora el rendimiento, no renueva la conexión humana entre profesores y alumnos. El acompañamiento emocional, la mentoría y la motivación siguen siendo elementos vitales de la educación que la IA no puede reflejar por completo.

Una de las mayores contribuciones de la IA a la formación es el aprendizaje personalizado. A diferencia de las estrategias convencionales que tratan a todos los estudiantes por igual, la IA adapta la formación a los estilos de aprendizaje, preferencias y desarrollo individual.

Los sistemas de aprendizaje adaptativo basados en IA analizan los datos de los alumnos y, en consecuencia, modifican el problema de la lección. Por ejemplo, si un alumno tiene dificultades con el álgebra, el dispositivo ofrece actividades adicionales, ejemplos paso a paso y procesos alternativos de resolución de problemas. Por el contrario, si un alumno destaca, la IA introduce principios más complejos, manteniéndolo motivado.

Desde la perspectiva del formador, el aprendizaje personalizado les permite identificar a los estudiantes con dificultades e intervenir antes de que disminuya su rendimiento. Los docentes pueden usar informes generados por IA para monitorizar la participación, el compromiso y la comprensión de los estudiantes, lo que les permite adaptar sus técnicas de enseñanza.

Sin embargo, el aprendizaje personalizado también plantea situaciones exigentes. La dependencia excesiva de sistemas impulsados por IA puede reducir la interacción presencial entre profesores y alumnos. Si los alumnos, en general, interactúan con la IA en lugar de con sus profesores, perderán oportunidades de ampliar el pensamiento crítico, la colaboración y las capacidades sociales. Lograr un equilibrio entre la personalización impulsada por la IA y la interacción humana directa es esencial.

La IA complementa la participación del alumnado mediante la creación de ejercicios interactivos de aprendizaje.

La gamificación, la realidad virtual (RV) y las simulaciones generadas por IA hacen que la formación sea más inmersiva y divertida. Por ejemplo, las aplicaciones de aprendizaje de idiomas basadas en IA utilizan la audición del habla y cuestionarios adaptativos para mejorar la fluidez. De igual forma, los programas de IA basados en RV permiten a los estudiantes aprender actividades antiguas, realizar experimentos tecnológicos virtuales y abordar conceptos complejos de forma práctica.

La IA también contribuye a fomentar la colaboración. Los foros de diálogo inteligentes analizan las contribuciones de los alumnos y proponen temas relevantes, lo que fomenta debates más profundos. Las herramientas de evaluación entre pares basadas en IA facilitan la retroalimentación positiva, lo que permite a los estudiantes aprender unos de otros.

A pesar de estos avances, la interacción impulsada por la IA debería complementar, en lugar de sustituir, la interacción humana. El rol del formador va más allá de la transmisión de contenido; inspira interés, inspira creatividad y ofrece apoyo emocional. Si bien la IA mejora la participación, el formador sigue siendo la piedra angular de una experiencia académica significativa.

La integración de la IA en las interacciones entre profesores y alumnos plantea numerosas situaciones exigentes:

1. Dependencia excesiva de la IA: Si la IA gestiona la mayoría de las interacciones de los estudiantes, la función del profesor podría quedar relegada a un segundo plano. Los estudiantes también podrían acabar dependiendo de la IA para obtener respuestas en lugar de desarrollar habilidades para resolver problemas.

2. Privacidad y seguridad de datos: Los sistemas de IA recopilan grandes cantidades de registros estudiantiles. Garantizar que estas estadísticas se protejan y se utilicen de forma ética es crucial para mantener la seguridad.

3. Equidad y accesibilidad: La educación basada en IA debe ser inclusiva. Las disparidades en el acceso a las herramientas de IA podrían ampliar la brecha virtual, perjudicando a los estudiantes en zonas desfavorecidas.

4. Sesgo en los algoritmos de IA: los sistemas de IA deben estudiar en diversos conjuntos de datos para evitar sesgos que puedan afectar las pautas de aprendizaje personalizadas.

5. Conexión humana en el aprendizaje: La educación no se limita a la transferencia de conocimientos; se trata de mentoría, estímulo y conexión humana. La IA debe ayudar, en lugar de reemplazar, las relaciones humanas en el aula.

La IA está transformando las interacciones entre docentes y estudiantes mediante la personalización del aprendizaje, la automatización de tareas y la mejora de la participación. Si bien la IA mejora el rendimiento, no puede reemplazar la mentoría, el apoyo emocional y la creatividad que los docentes ofrecen en el aula. El reto reside en integrar la IA de forma que mejore la interacción humana, en lugar de disminuirla. Al lograr este equilibrio, la IA puede convertirse en un aliado eficaz en la educación, empoderando tanto a docentes como a estudiantes en el proceso de aprendizaje.

3.3. Aulas inteligentes y tecnología educativa

El concepto de aulas inteligentes ha revolucionado la educación convencional al integrar inteligencia artificial (IA), aprendizaje automático y tecnologías virtuales avanzadas en el entorno de aprendizaje. A medida que las herramientas educativas impulsadas por IA se vuelven más sofisticadas, están transformando la forma en que los docentes enseñan y cómo aprenden los estudiantes. Las aulas inteligentes ofrecen aprendizaje personalizado, informes interactivos y sistemas de evaluación automática que optimizan los resultados académicos. Sin embargo, la integración de estas tecnologías también plantea desafíos relacionados con la accesibilidad, la privacidad y la evolución del rol de los educadores. Este segmento explora el impacto de las aulas inteligentes, el papel de la tecnología educativa impulsada por IA y el futuro de los entornos virtuales de aprendizaje.

Las aulas inteligentes han evolucionado considerablemente respecto a las estrategias de enseñanza convencionales, que dependían de libros de texto, pizarras y la educación directa impartida por el profesor. La integración de herramientas virtuales comenzó con proyectores, recursos en línea y sistemas de gestión del aprendizaje temprano (LMS). Hoy en día, las aulas inteligentes impulsadas por IA utilizan análisis de datos en tiempo real, sistemas de aprendizaje adaptativos y tecnología interactiva para crear entornos de aprendizaje dinámicos.

Las características principales de las salas de conferencias inteligentes consisten en:

• Aprendizaje adaptativo impulsado por IA que personaliza la instrucción en función del rendimiento individual del alumno.

• Verdad aumentada (RA) y realidad virtual (RV) para estudios de masterización inmersiva.

• Pizarras interactivas y equipos de colaboración virtual que embellecen la participación.

• Estructuras de asistencia y evaluación automatizadas impulsadas por análisis de inteligencia artificial.

• Chatbots de IA y asistentes virtuales que brindan ayuda en tiempo real a estudiantes e instructores.

Estas tecnologías permiten a los educadores ir más allá de las estrategias de enseñanza uniformes y garantizar que cada estudiante reciba una práctica personalizada adecuada a su ritmo y estilo de aprendizaje.

La generación de instrucción impulsada por IA está transformando fundamentalmente la forma en que los educadores capacitan al automatizar tareas rutinarias, mejorar el diseño del plan de estudios y presentar información basada en datos.

La IA reduce la carga administrativa del profesorado, permitiéndoles centrarse en la participación directa de los alumnos. Las tareas, como la calificación de tareas, la programación y el control de asistencia, se gestionan cada vez más mediante sistemas basados en IA.

Por ejemplo, las herramientas de calificación asistidas por IA analizan las respuestas de los alumnos y ofrecen retroalimentación inmediata, ahorrando a los educadores horas de calificación. Los sistemas automatizados de asistencia utilizan el reconocimiento facial para registrar la presencia de los estudiantes, lo que evita tener que pasar lista.

Una de las ventajas más importantes de la IA en las aulas inteligentes es su capacidad para adaptar las clases a cada estudiante. El aprendizaje adaptativo de estructuras analiza la información de rendimiento en tiempo real y, en consecuencia, regula el contenido.

Por ejemplo, si un alumno tiene dificultades con un concepto matemático específico, el dispositivo de IA puede ofrecerle más eventos deportivos, vídeos explicativos o simulaciones interactivas. Por otro lado, los alumnos más avanzados pueden acceder a material más complejo, lo que garantiza una participación continua.

Las estructuras de tutoría basadas en IA ofrecen a los estudiantes universitarios ayuda disponible, ofreciendo motivaciones y actividades de entrenamiento cuando lo necesiten. Los chatbots, impulsados por el procesamiento natural del lenguaje (PLN), pueden responder preguntas comunes, recomendar materiales de estudio y guiar a los estudiantes en temas complejos.

Los tutores de IA acortan la distancia entre la instrucción en el aula y la observación imparcial, garantizando que los estudiantes reciban ayuda ininterrumpida fuera del horario escolar.

Las aulas inteligentes contienen tecnologías en ascenso, como realidad aumentada (RA), realidad virtual (RV) y gamificación, para hacer que el aprendizaje sea más atractivo e interactivo.

Las tecnologías AR y VR permiten a los estudiantes explorar temas de maneras que las estrategias tradicionales no pueden.

• Excursiones virtuales: Los estudiantes pueden visitar sitios antiguos, descubrir el artefacto solar o realizar experimentos con tecnología digital.

• Simulaciones médicas y de ingeniería: los estudiantes de medicina pueden practicar técnicas quirúrgicas utilizando realidad virtual, mientras que los estudiantes de ingeniería pueden diseñar y probar sistemas en un entorno digital.

• Mejora del aprendizaje del idioma: las herramientas de traducción basadas en RA ayudan a los estudiantes a aprender nuevos idiomas a través de experiencias inmersivas.

Estas tecnologías crean experiencias de aprendizaje atractivas y prácticas que mejoran la retención de conocimientos y la información.

La gamificación aplica factores de diseño recreativo a entornos académicos para mejorar la motivación y la participación. Los videojuegos educativos impulsados por IA recompensan a los estudiantes por su progreso, ofrecen comentarios inmediatos y adaptan los niveles de dificultad según su rendimiento.

Por ejemplo, las aplicaciones para aprender idiomas basadas en IA, como Duolingo, utilizan la gamificación para fomentar el aprendizaje continuo a través de puntos, insignias y seguimiento del progreso.

Al hacer que el conocimiento sea divertido e interactivo, la gamificación mejora la participación de los estudiantes y fomenta una comprensión más profunda de temas complicados.

Si bien las aulas inteligentes ofrecen numerosos beneficios, también presentan varios desafíos y preocupaciones morales que deben abordarse:

No todos los estudiantes universitarios tienen el mismo acceso a la tecnología académica impulsada por IA. Las disparidades socioeconómicas pueden limitar el acceso a las aulas inteligentes, creando una brecha educativa entre los grupos privilegiados y los desfavorecidos. Garantizar un acceso generalizado a las herramientas de aprendizaje impulsadas por IA es fundamental para la equidad académica.

Las estructuras académicas basadas en IA recopilan enormes cantidades de datos de los alumnos, lo que genera inquietudes sobre la privacidad y la seguridad. Las escuelas e instituciones deben implementar medidas estrictas de protección de datos para proteger los datos de los alumnos y evitar su uso no autorizado.

Si bien la IA mejora la eficiencia, no puede reemplazar la conexión humana entre profesores y estudiantes universitarios. La inteligencia emocional, la mentoría y la interacción social siguen siendo aspectos importantes de la formación. La tarea reside en integrar la IA de forma que apoye, en lugar de reemplazar, el componente humano de la enseñanza.

Las estructuras de IA deben adquirir conocimiento sobre diversos conjuntos de datos para evitar sesgos que podrían afectar los resultados educativos. Si no se gestionan adecuadamente, los algoritmos de IA pueden agravar las desigualdades existentes, favoreciendo a ciertos grupos sobre otros.

A medida que la IA y la generación educativa continúan adaptándose, el futuro de las aulas inteligentes probablemente consistirá en:

• Profesores holográficos impulsados por IA que ofrecen educación en tiempo real.

• Credencialización basada en blockchain para garantizar registros educativos estables y verificables.

• Dominio de la interfaz neuronal que integra IA sin demora con la actividad de las ondas cerebrales para una mejor cognición.

• Asistentes de enseñanza autónomos con inteligencia artificial que ayudan a los educadores con información en tiempo real y planificación de lecciones automatizada.

El propósito de las aulas inteligentes no es siempre actualizar la educación tradicional, sino embellecerla mediante la provisión de cursos de aprendizaje personalizados, eficientes y atractivos.

Las aulas inteligentes y la tecnología educativa basada en IA están transformando la experiencia de aprendizaje mediante la personalización de la instrucción, la mejora de la participación y la automatización de las tareas administrativas. Si bien estos avances ofrecen enormes beneficios, es necesario abordar los desafíos relacionados con la accesibilidad, la privacidad y la evolución del rol de los educadores. El futuro de la educación reside en lograr un equilibrio entre la interacción humana y la generación, garantizando que la IA complemente, en lugar de reemplazar, las técnicas de enseñanza convencionales.

CAPÍTULO 4

Dimensiones éticas y sociales de la IA en la educación

4.1. Cuestiones éticas en la educación con IA

La integración de la Inteligencia Artificial (IA) en la educación plantea diversas preocupaciones éticas que deben abordarse para garantizar que este desarrollo tecnológico sea útil y veraz. La IA tiene un enorme potencial para revolucionar la educación, pero también conlleva riesgos que podrían afectar a estudiantes, educadores y a la sociedad en su conjunto.

Uno de los problemas morales más acuciantes asociados con la IA en la educación es el sesgo. Las estructuras de IA se basan en grandes conjuntos de datos, y si estos contienen estadísticas sesgadas, la IA puede perpetuar o incluso ampliar inadvertidamente dichos sesgos. Por ejemplo, si las estructuras de IA utilizadas para la calificación o la evaluación se basan en información sesgada que favorece a ciertos grupos demográficos, los estudiantes universitarios de grupos subrepresentados también pueden enfrentarse a riesgos injustos. Esto podría generar disparidades en los resultados educativos y socavar los principios de igualdad y equidad que los sistemas educativos intentan defender.

Además, los sesgos en la IA pueden afectar no solo la calificación, sino también el aprendizaje personalizado. Los algoritmos de IA que analizan el rendimiento estudiantil y proponen recursos de aprendizaje personalizados también podrían priorizar accidentalmente contenido que refleje ciertos sesgos culturales, socioeconómicos o de género. Es fundamental que educadores, legisladores y desarrolladores de IA colaboren para abordar estos problemas, garantizando que los conjuntos de datos educativos sean numerosos, representativos y estén libres de sesgos que puedan afectar negativamente a las poblaciones estudiantiles vulnerables.

Otro problema ético de gran envergadura es la privacidad. La tecnología de IA en la educación suele requerir la recopilación y evaluación de grandes cantidades de datos privados para crear informes de aprendizaje personalizados. Estos datos también pueden incluir información confidencial sobre el historial académico, el comportamiento, la salud o incluso las interacciones sociales de un estudiante. La gran cantidad de estos datos aumenta la preocupación por la seguridad y la privacidad de los registros estudiantiles.

Las escuelas y los centros educativos deben garantizar la transparencia en la recopilación, el almacenamiento y el uso de la información de los estudiantes. Deben existir directrices claras sobre el consentimiento, y los estudiantes (y sus tutores) deben estar completamente informados sobre qué información se recopila y cómo se utilizará. Además, deben implementarse sólidas medidas de ciberseguridad para proteger esta información del acceso no autorizado o las filtraciones, ya que la información confidencial podría ser explotada si se divulga.

La capacidad de la IA para monitorear y dar seguimiento al progreso de los alumnos en tiempo real también plantea interrogantes sobre la vigilancia. Si bien la retroalimentación en tiempo real puede ser útil para el aprendizaje personalizado, existe una clara línea entre presentar información útil y vulnerar la autonomía y la privacidad de los estudiantes. Lograr el equilibrio adecuado entre la educación basada en datos y la privacidad del usuario es fundamental para garantizar que las tecnologías de IA se utilicen de forma ética en los entornos educativos.

A medida que la IA se integra cada vez más en los entornos académicos, surgen interrogantes sobre la función del profesorado. Algunos argumentan que la IA debería sustituir a los profesores humanos o reducir su autoridad en el aula. Si bien la IA puede ayudar a automatizar las tareas administrativas, la calificación y ofrecer recursos de aprendizaje personalizados, la función del profesorado en la orientación de los estudiantes, el apoyo emocional y el fomento de la interacción social sigue siendo insustituible.

La cuestión ética aquí gira en torno a cómo la IA puede complementar y ayudar a los docentes sin socavar su papel en el proceso educativo. La IA debe considerarse una herramienta que empodera a los docentes, ayudándolos a centrarse en tareas de mayor nivel, como la participación del alumnado y el pensamiento crítico, en lugar de sustituir la relación profesor-alumno. Los educadores deben participar en la implementación de la IA en el aula para garantizar que complemente, en lugar de sustituir, sus prácticas educativas.

La implementación de la IA en la educación podría exacerbar las desigualdades actuales. Si bien la IA tiene la capacidad de brindar experiencias de aprendizaje personalizadas y guiar a estudiantes universitarios con diversas necesidades, también requiere una gran inversión en tecnología e infraestructura. Las escuelas en regiones más ricas también podrían tener acceso a equipos educativos avanzados basados en IA, mientras que las escuelas en grupos con financiación insuficiente o marginados podrían no tenerlo.

Esta brecha digital crea un dilema moral, ya que el acceso desigual a los recursos educativos basados en IA podría generar disparidades adicionales en la calidad educativa. Los estudiantes de las zonas desfavorecidas no disfrutarán de las mismas oportunidades que sus compañeros más adinerados, lo que amplía la brecha de éxito. Para mitigar esto, los gobiernos, los educadores y las agencias tecnológicas deben colaborar para garantizar un acceso equitativo a los equipos y recursos educativos basados en IA para todos los estudiantes, independientemente de su situación socioeconómica.

El papel de la IA en la formación también aumenta la preocupación por la autonomía del alumnado y la posibilidad de una excesiva dependencia de la tecnología. Dado que los sistemas de IA ofrecen informes de aprendizaje personalizados, existe el riesgo de que los estudiantes también se vuelvan demasiado dependientes de la tecnología para guiar su aprendizaje, lo que conlleva una falta de automotivación, pensamiento crítico y competencias para la resolución de problemas. La educación debe aspirar a fomentar la reflexión independiente, la creatividad y el aprendizaje continuo, en lugar de formar principiantes pasivos que dependen únicamente de las estructuras de IA para determinar qué aprenden y cómo lo hacen.

Para abordar este problema, es fundamental garantizar que los equipos de IA no eclipsen la importancia de la intervención humana en el proceso de aprendizaje. Se debe animar a los estudiantes a reflexionar seriamente sobre el contenido que se les proporciona a través de las estructuras de IA y a interactuar activamente con los materiales académicos. La IA puede guiar el aprendizaje, pero nunca debe cambiar el papel de los estudiantes en la gestión de su propia educación.

Las implicaciones morales de la IA en la educación también se acentúan en el sistema de diseño e implementación. A medida que las tecnologías de IA se incorporan a los entornos educativos, es fundamental que sean accesibles, inclusivas y diseñadas teniendo en cuenta las necesidades de todos los estudiantes. Las herramientas de IA no deben priorizar ciertos estilos de aprendizaje, discapacidades o antecedentes culturales, al mismo tiempo que descuidan a otros.

Un diseño inclusivo es fundamental para garantizar que la tecnología de IA funcione para todos, incluyendo a los estudiantes con discapacidad. Por ejemplo, las herramientas de IA pueden utilizarse para proporcionar la función de texto a voz a estudiantes universitarios con discapacidad visual o para adaptar los materiales de aprendizaje a estudiantes con discapacidades de aprendizaje. Sin embargo, el desarrollo de equipos de IA debe incluir grupos diversos que puedan comprender y abordar las necesidades de todos los estudiantes para evitar que la generación excluya o desfavorezca inadvertidamente a ciertos grupos.

Por último, cabe preguntarse sobre el efecto moral a largo plazo de la IA en la educación. A medida que la IA se adapta y se vuelve más avanzada, puede provocar cambios significativos en la percepción social de la educación. ¿La educación impulsada por la IA generará una sociedad más informada y competente, o profundizará las brechas sociales y económicas existentes? ¿Mejorará la capacidad humana, o reducirá la agencia y la creatividad humanas?

Estas son preguntas cruciales que requieren una atención cautelosa. Los marcos éticos para la IA en el aprendizaje deben considerar los posibles resultados a largo plazo de la era y esforzarse por crear un futuro en el que la IA contribuya y enriquezca el aprendizaje humano, en lugar de mermar la experiencia humana.

Los problemas éticos que rodean la IA en la educación son complejos y multifacéticos, e incluyen preocupaciones sobre sesgos, privacidad, roles docentes, acceso, autonomía, equidad y el impacto a largo plazo de la generación. A medida que la IA continúa moldeando el futuro de la educación, es fundamental que estas consideraciones éticas se aborden de forma que promuevan la equidad, la inclusión y el bienestar de todos los estudiantes. Al adoptar un enfoque reflexivo y colaborativo para la integración de la IA, podemos garantizar que esta poderosa herramienta se utilice de forma responsable y eficaz para enriquecer la experiencia de aprendizaje de las generaciones futuras.

4.2. IA y privacidad de los estudiantes

La inteligencia artificial (IA) está transformando la educación, pero también plantea importantes problemas éticos en cuanto a la privacidad de los estudiantes. A medida que los sistemas de IA se integran cada vez más en los entornos educativos, se recopilan, procesan y almacenan grandes cantidades de datos de los alumnos, lo que plantea dudas sobre la seguridad de la información personal.

Los sistemas de IA en formación dependen de la recopilación de grandes cantidades de datos académicos para personalizar las experiencias de aprendizaje. Para ofrecer contenido y comentarios personalizados, los equipos de IA suelen requerir información específica sobre el historial académico, los resultados de los exámenes, la información de comportamiento y, en ocasiones, incluso las interacciones sociales de los estudiantes. El objetivo principal es crear itinerarios de aprendizaje individualizados que ayuden a los estudiantes a alcanzar el éxito, pero esto conlleva la posibilidad de comprometer la privacidad.

Las ventajas de las series de datos en la IA educativa son sencillas, pero los riesgos para la privacidad son enormes. La información personal, como los expedientes académicos, los hábitos de comportamiento e incluso los datos biométricos, puede ser objeto de acceso no autorizado y uso indebido. Las instituciones educativas deben garantizar que se obtenga el consentimiento explícito e informado de los estudiantes antes de recopilar y utilizar su información. Además, los desarrolladores de IA deben ser transparentes en la gestión de las estadísticas de los estudiantes y adherirse a estrictas políticas de protección de datos para evitar el uso indebido.

Una de las principales ventajas de la IA en la educación es su capacidad para monitorizar constantemente el aprendizaje y el comportamiento de los estudiantes. Las estructuras de IA pueden monitorizar la participación de los estudiantes en clase, su rendimiento en los exámenes, la velocidad de aprendizaje o incluso sus interacciones con el contenido. Esta información es valiosa para optimizar el aprendizaje de los estudios, identificar las fortalezas y debilidades de los estudiantes y ofrecer apoyo específico.

Sin embargo, la monitorización continua aumenta la preocupación por la privacidad de los estudiantes. La información constante sobre su comportamiento debería hacerles sentir que están siendo examinados o juzgados, lo que puede causarles incomodidad o tensión. La idea de "ser vigilados constantemente" puede limitar su capacidad para estudiar libremente, ya que saber que se registra cada uno de sus movimientos puede ser psicológicamente agotador. La posibilidad de una vigilancia invasiva supone un reto para mantener un entorno de aprendizaje saludable donde los estudiantes se sientan seguros y motivados para participar en sus estudios.

Garantizar la seguridad de las estadísticas de los alumnos es fundamental cuando se utiliza la IA en la educación. Los datos personales recopilados mediante sistemas de IA deben almacenarse de forma segura, protegerse del acceso no autorizado y tratarse con la máxima confidencialidad. Dado que muchas instituciones educativas están basadas en la nube, los datos de los estudiantes se almacenan en servidores externos, lo que los hace vulnerables a ciberataques y filtraciones de datos. Es fundamental que las instituciones educativas implementen sólidas medidas de ciberseguridad para proteger la privacidad de los datos de los alumnos.

Además, los desarrolladores de IA deben seguir protocolos estrictos para proteger los registros tanto en tránsito como en reposo. El cifrado, el acceso controlado y las auditorías de seguridad periódicas son fundamentales para prevenir el acceso no autorizado y garantizar la protección de la información confidencial. Las instituciones también deben brindar a los estudiantes transparencia sobre cómo se utilizan sus datos y qué protecciones existen para garantizar su seguridad.

Otro desafío ético en la educación con IA es el uso no autorizado de datos de estudiantes. Si bien el propósito de las estructuras de IA es personalizar el aprendizaje y mejorar los resultados educativos, existe el riesgo de que los datos se exploten con fines comerciales o se utilicen en estrategias no previstas inicialmente. Por ejemplo, es probable que los datos de los estudiantes se vendan a terceros o se utilicen para publicidad dirigida, lo que podría vulnerar la privacidad de los estudiantes.

Para mitigar estos riesgos, es crucial que los sistemas de IA educativos estén diseñados para priorizar la privacidad. La información de los estudiantes solo debe utilizarse con fines educativos y no debe compartirse sin consentimiento expreso. Además, las estructuras de IA deben ser transparentes sobre sus normas de uso de datos, y los estudiantes deben tener control sobre sus datos personales, incluyendo la posibilidad de excluirse de las series de datos o solicitar su eliminación.

El seguimiento constante que permite la IA en la formación también puede tener consecuencias psicológicas en los estudiantes. Saber que se registra cada paso, solución e interacción puede generar ansiedad y afectar su bienestar mental. Además, pueden experimentar una evaluación constante, lo que podría afectar negativamente su aprendizaje.

Además, esta vigilancia podría reducir la autonomía y la confianza en sí mismos de los estudiantes. Cuando los estudiantes universitarios sienten que su privacidad está siendo invadida, se vuelven menos dispuestos a expresarse libremente en el aula, lo que limita su capacidad de aprendizaje y desarrollo. La presión de trabajar para un dispositivo de IA en lugar de un profesor humano puede desalentar la toma de riesgos y la creatividad, aspectos cruciales del aprendizaje.

A medida que la IA se integre cada vez más en la educación, es crucial establecer principios éticos que protejan la privacidad de los estudiantes. Las instituciones educativas, los desarrolladores de IA y los legisladores deben colaborar para crear un marco que garantice el uso responsable de la IA, respetando al mismo tiempo el derecho a la privacidad de los estudiantes. Estos principios deben describir cómo se recopilan, almacenan y comparten los registros de los estudiantes, así como las medidas adoptadas para protegerlos del uso indebido.

Los desarrolladores de IA deben implementar la privacidad mediante estándares de diseño en sus estructuras, lo que significa que las preocupaciones sobre la privacidad se integran en el proceso de desarrollo desde el principio. La transparencia y la responsabilidad son componentes clave de este enfoque. Los estudiantes deben estar informados sobre cómo se utiliza su información y deben tener control sobre su información personal. Además, las instituciones deben brindarles la posibilidad de acceder, modificar o eliminar su información si así lo desean.

Si bien la IA tiene la capacidad de revolucionar la educación, es fundamental que la privacidad de los estudiantes universitarios esté protegida dentro del sistema. A medida que la IA recopila y procesa cada vez más datos de los estudiantes, la preocupación por la privacidad, la seguridad y el uso ético de los datos seguirá creciendo. Las instituciones educativas y los desarrolladores de IA deben estar atentos para proteger la privacidad de los estudiantes y garantizar que la IA se utilice de forma responsable. Al priorizar la transparencia, la seguridad y el consentimiento de los estudiantes, la IA puede aprovecharse para mejorar la educación sin comprometer el derecho a la privacidad de los estudiantes.

4.3. La IA y la relación profesor-alumno

La integración de la inteligencia artificial (IA) en la formación ha supuesto grandes cambios en la dinámica de la enseñanza y el aprendizaje. Una de las transformaciones más profundas es cómo la IA está transformando la conexión entre docentes y estudiantes universitarios. Si bien la IA puede enriquecer los procesos educativos al impartir aprendizaje personalizado y asistencia administrativa, también plantea interrogantes sobre la naturaleza de la conexión humana, la función de los educadores y su impacto en los aspectos emocionales y sociales del aprendizaje.

A medida que las herramientas de IA se generalizan en los entornos educativos, el rol de los docentes se está trasladando. En muchos enfoques, la IA está asumiendo responsabilidades que antes eran exclusivamente responsabilidad de los docentes, como la calificación de tareas, el seguimiento del desarrollo de los estudiantes y la generación de comentarios instantáneos. Estas tecnologías permiten a los docentes dedicar más tiempo a fomentar el cuestionamiento, la creatividad y las habilidades interpersonales esenciales, áreas que la IA aún no puede abordar con eficacia.

La IA tiene la capacidad de ayudar a los docentes automatizando tareas administrativas, proporcionando información sobre el rendimiento estudiantil y ofreciendo itinerarios de aprendizaje personalizados para estudiantes universitarios. Por ejemplo, los sistemas de control del aprendizaje basados en IA pueden monitorear el desarrollo de los estudiantes en tiempo real, detectar áreas en las que presentan dificultades y recomendar intervenciones específicas. Estos registros permiten a los docentes centrarse en las necesidades individuales de los estudiantes, mejorando así la experiencia de aprendizaje general. Los docentes pueden dedicar más tiempo a interactuar con los estudiantes de forma significativa, ayudándolos a abordar ideas complejas y fomentando una comprensión más profunda del problema.

Sin embargo, a medida que la IA asume más responsabilidades, algunos educadores temen que su puesto se vuelva menos privado y más automatizado. La sensación de conexión que surge de la interacción humana —ya sea brindando ánimo, apoyo emocional o adaptando las técnicas de enseñanza a diversos patrones de aprendizaje— también podría disminuir a medida que los equipos de IA se vuelven más comunes. Los docentes también podrían encontrarse confiando más en la tecnología que en sus propios instintos y la comprensión de sus alumnos. La capacidad de deshumanizar la experiencia educativa es un problema considerable, especialmente en entornos donde las relaciones interpersonales son importantes para el éxito estudiantil.

En lugar de reemplazar a los instructores, la IA debe considerarse un dispositivo complementario que complemente su potencial para interactuar con los estudiantes universitarios. La IA puede gestionar responsabilidades repetitivas, como las tareas administrativas, mientras que los docentes se centran en los aspectos personales, emocionales y sociales de la formación.

Por ejemplo, las estructuras de tutoría impulsadas por IA pueden ofrecer apoyo adicional a los estudiantes fuera del aula, impartiendo explicaciones personalizadas y actividades físicas. Esto puede permitir a los docentes participar en interacciones presenciales más significativas con los estudiantes, abordando sus inquietudes específicas y brindándoles orientación en áreas que requieren empatía y comprensión.

En esta situación, la relación profesor-alumno puede evolucionar hacia una en la que los profesores se conviertan en facilitadores del aprendizaje, guiando a los estudiantes a través de ideas complejas y fomentando un entorno de colaboración y pensamiento crítico. La IA puede proporcionar conocimientos y guía fundamentales, mientras que los profesores se centran en fomentar el interés, la creatividad y la inteligencia emocional, habilidades vitales para el desarrollo integral de los estudiantes. Al trabajar con IA, los profesores pueden ofrecer una experiencia educativa más personalizada y centrada en el ser humano, que equilibra la tecnología con la conexión humana.

Si bien la IA puede enriquecer la experiencia educativa de muchas maneras, también conlleva el riesgo de desconexión emocional. El mayor problema con la función de la IA en la educación es su capacidad para reducir el factor humano de la enseñanza. La educación no se limita a transmitir conocimientos; también se trata de fomentar la confianza, la empatía y la conexión. Los docentes desempeñan un papel fundamental para que los estudiantes se sientan valorados y comprendidos, lo que puede influir significativamente en sus resultados de aprendizaje.

La IA, por su naturaleza, carece de inteligencia emocional. Si bien las estructuras de IA pueden programarse para responder a las preguntas de los estudiantes y adaptarse a su comprensión de sus deseos, no pueden brindar el apoyo emocional que ofrece un docente. La capacidad de brindar ánimo en momentos de conflicto, comprender las necesidades emocionales de los estudiantes universitarios y fomentar un sentimiento de pertenencia es fundamental para un entrenamiento eficaz. La IA no puede replicar las cualidades humanas que hacen que estas interacciones sean significativas.

Por ejemplo, cuando un alumno se siente desanimado, podría necesitar más que solo apoyo educativo; necesita empatía, tranquilidad y ánimo personalizado. La IA no es capaz de captar estas señales emocionales y responder de forma que fomente la conexión. Esto crea el riesgo de que los alumnos también se sientan aislados o alienados, especialmente en situaciones donde se necesita el máximo apoyo emocional o mental.

Para mitigar la desconexión emocional que la IA puede generar, es fundamental que los educadores prioricen la interacción humana en sus aulas. Si bien la IA puede gestionar los diversos aspectos técnicos de la educación, el papel del docente en el fomento de las relaciones con los estudiantes debe seguir siendo valioso. Los docentes deben seguir interactuando con los estudiantes a nivel emocional y social, brindándoles orientación y apoyo que la IA no puede reflejar.

Los docentes pueden usar la IA como herramienta para ayudar a comprender cuándo un alumno puede tener dificultades académicas; sin embargo, aún depende del docente abordar sus necesidades emocionales. Al mantener una comunicación abierta, crear un ambiente de estudio propicio y fomentar un ecosistema de amor mutuo, los docentes pueden garantizar que los estudiantes se sientan conectados y valorados, incluso en un aula tecnológicamente avanzada. La IA ya no debe reemplazar el componente humano de la formación, sino mejorar la capacidad del docente para satisfacer las diversas necesidades de sus estudiantes.

Además, es fundamental que los educadores reciban formación en el uso eficaz de las herramientas de IA. Los docentes deben contar con los conocimientos y las capacidades para aprovechar la IA sin perder de vista las conexiones personales, vitales para el proceso académico. Deben aprender a aplicar la IA para complementar su enseñanza, ofreciendo un método equilibrado que combine el rendimiento de la tecnología con la calidez y la empatía que solo los educadores humanos pueden brindar.

La creciente dependencia de la IA en la formación también plantea interrogantes éticos sobre el papel de la tecnología en las interacciones entre docentes y estudiantes. A medida que las estructuras de IA recopilan datos sobre el comportamiento, el rendimiento e incluso las emociones de los estudiantes, surgen preguntas sobre quién posee esta información y cómo se utiliza. Existe una necesidad de transparencia y consentimiento en relación con la recopilación y el uso de datos de los estudiantes, y los docentes deben ser conscientes de las implicaciones éticas del uso de herramientas de IA que recopilan datos personales.

Además, la capacidad de la IA para persuadir en la dinámica entre docentes y académicos también aumenta las preocupaciones sobre la equidad y los sesgos. Si los sistemas de IA no se diseñan con cuidado, reforzarán los sesgos existentes o perpetuarán las desigualdades educativas. Por ejemplo, los algoritmos de IA podrían, inadvertidamente, favorecer poblaciones estudiantiles positivas o proporcionar pistas sesgadas basadas en datos incompletos o sesgados. El profesorado debe estar atento para garantizar que la IA se utilice de forma ética y que no perpetúe ni agrave las disparidades educativas.

La relación profesor-alumno está evolucionando en la era de la IA, donde la tecnología desempeña un papel cada vez más importante en la configuración de la enseñanza y la experiencia. Si bien la IA ofrece herramientas valiosas para impulsar el aprendizaje y ayudar a los docentes, también plantea nuevos desafíos relacionados con la conexión emocional, las cuestiones éticas y el equilibrio entre la tecnología y la interacción humana. Los docentes deben seguir desempeñando un papel activo en el fomento de las relaciones personales con los estudiantes, garantizando que el componente humano de la educación se mantenga intacto. Al utilizar la IA para complementar, en lugar de actualizar, su formación, los educadores pueden crear un entorno de aprendizaje enriquecido que combine lo mejor de ambos mundos: el poder de la generación y la calidez de la conexión humana.

4.4. Gobernanza y seguridad de datos en la educación en IA

En el cambiante campo de la educación impulsada por IA, la gobernanza y la seguridad de los datos se han convertido en cuestiones cruciales. A medida que los centros educativos y las empresas tecnológicas integran cada vez más sistemas de IA en las funciones de enseñanza, evaluación y administración, se generan, recopilan y analizan grandes cantidades de datos. Esto incluye registros personales sensibles, análisis del comportamiento del aprendizaje, datos biométricos y estadísticas de rendimiento. El control de estos datos plantea profundas cuestiones sobre la privacidad, el uso ético, la propiedad, el acceso y las implicaciones a largo plazo de la toma de decisiones algorítmica.

La gobernanza de datos en el entrenamiento de IA se refiere a las directrices, estándares, enfoques y tecnologías utilizadas para gestionar la disponibilidad, usabilidad, integridad y seguridad de los datos. Estas estructuras de gobernanza garantizan que la información se trate de forma responsable y cumpla con los marcos éticos y legales aplicables. La seguridad, por otro lado, se centra más en proteger los datos del acceso no autorizado, la corrupción o el robo. Juntos, conforman la base de un entorno de aprendizaje virtual justo.

La primera prioridad en este ámbito es la posesión de los registros académicos. Dado que las plataformas de IA suelen ser proporcionadas por empresas con sede en un tercio de los Estados Unidos, surgen preguntas sobre quién controla los registros recopilados mediante estos sistemas. ¿Pertenecen las estadísticas al alumno, al grupo o a la agencia que desarrolla el dispositivo de IA? Es fundamental contar con marcos regulatorios claros para evitar la explotación o el uso indebido. Iniciativas como el Reglamento General de Protección de Datos (RGPD) en Europa y la Ley de Derechos Educativos y Privacidad de la Familia (FERPA) en Estados Unidos ofrecen cierto andamiaje legal, pero la naturaleza global de la educación en línea requiere un enfoque más armonizado.

En segundo lugar, la privacidad de los datos es un problema acuciante. Los sistemas de IA se basan en grandes conjuntos de datos para analizar y mejorar sus modelos. Sin embargo, la inclusión de información de identificación personal

(PII), como nombres, calificaciones, registros de conducta y, en ocasiones, incluso datos audiovisuales, plantea serias preocupaciones sobre la privacidad. Se están explorando estrategias robustas de anonimización, modelos de privacidad diferencial y procesos de aprendizaje federado como soluciones para mitigar estos riesgos, a la vez que se mantiene la utilidad de los datos para los algoritmos de IA.

En tercer lugar, el sesgo y la equidad en las decisiones educativas impulsadas por IA dependen de la calidad y la gobernanza de los registros. Los registros mal seleccionados o no elaborados por expertos pueden generar algoritmos sesgados que perjudican injustamente a ciertos estudiantes. Por ejemplo, la calificación basada en IA o las rutas de aprendizaje personalizadas pueden reflejar inadvertidamente sesgos socioeconómicos, raciales o de género presentes en los registros históricos. Por lo tanto, una gobernanza eficaz de los datos debe incluir auditorías continuas, protocolos de detección de sesgos y la inclusión de diversos conjuntos de datos para promover la equidad.

Las amenazas a la seguridad también son graves. Los centros educativos se están convirtiendo cada vez más en objetivos de ciberataques debido a sus amplios repositorios de información confidencial. Las estructuras de IA, si bien mejoran la eficiencia operativa, también pueden introducir nuevas vulnerabilidades. Por ejemplo, los ataques adversarios a modelos de aprendizaje automático podrían intentar manipular resultados, como calificaciones o consejos. Garantizar una infraestructura de ciberseguridad sólida, que incluya cifrado, autenticación multifactor y sistemas de detección de intrusiones, es fundamental para mantener el consenso en una educación adaptada a la IA.

Además, la transparencia y la explicabilidad son fundamentales para la gobernanza ética de los datos. Estudiantes y educadores necesitan comprender cómo las estructuras de IA llegan a sus conclusiones, ya sea en la calificación, los comentarios o los ajustes curriculares. Los modelos de caja negra que no ofrecen interpretabilidad pueden erosionar la confianza y obstaculizar una supervisión significativa. Por ello, la incorporación de marcos de IA explicable (XAI) y el mantenimiento de registros transparentes de uso de datos se consideran cada vez más prácticas de alta calidad.

Otra medida incluye la retención de datos y la gestión del ciclo de vida. La información educativa también puede conservar su valor privado mucho después de la finalización de un curso. Las normas de gobernanza deben definir cuánto tiempo se conserva la información, cuándo se elimina y en qué circunstancias puede reutilizarse. Esto requiere modelos de consentimiento dinámicos que permitan a los estudiantes gestionar sus opciones de información a lo largo de los años, incluyendo opciones para revocar el acceso.

Un factor clave para una sólida gobernanza de registros es la creación de comités interdisciplinarios de ética de la información en las instituciones educativas. Estos organismos, compuestos por educadores, tecnólogos, expertos en delitos y estudiantes, pueden supervisar la implementación de políticas estadísticas, comparar alianzas con proveedores y mediar en disputas. Su función garantiza que la gobernanza de registros se ajuste no solo a los estándares técnicos y penales, sino también a los valores y la misión educativa de la organización.

Además, el empoderamiento académico y la alfabetización virtual son fundamentales. Los estudiantes deben estar informados sobre sus derechos estadísticos, los resultados del intercambio de datos y el funcionamiento de las estructuras de IA con las que interactúan. Esta atención fomenta el consentimiento informado y fomenta una mayor participación activa en los debates sobre la ética de la IA en la formación.

En el contexto mundial, la deriva de datos transfronterizos presenta un nuevo nivel de complejidad. Muchos equipos académicos de IA operan globalmente y los datos pueden almacenarse en jurisdicciones específicas. Armonizar las prácticas de gobernanza de datos transfronterizas puede ser crucial, especialmente para garantizar que los académicos de países en desarrollo o grupos subrepresentados no sean víctimas de prácticas de explotación debido a regulaciones locales menos rigurosas.

De cara al futuro, la tecnología blockchain y los sistemas de identificación descentralizados también pueden ofrecer estrategias novedosas para la gobernanza de la información. La tecnología blockchain puede proporcionar registros inmutables del acceso y la modificación de la información, lo que permite a los estudiantes controlar quién ve y utiliza su información académica. Estas mejoras, aunque aún incipientes, deberían redefinir la coherencia en el control de la información académica.

La gobernanza y la seguridad de datos en la educación en IA no son simplemente situaciones técnicamente exigentes, sino imperativos morales que definen el futuro del estudio. A medida que la IA continúa permeando los entornos educativos, las instituciones deben invertir en marcos de gobernanza resilientes, estructuras de seguridad sólidas y sistemas de comunicación transparentes. Solo así podremos construir un entorno académico que respete la privacidad, promueva la equidad y prepare a los principiantes para un mundo digital.

4.5. Abordar la equidad y el acceso en las implementaciones de IA

La Inteligencia Artificial (IA) tiene la capacidad transformadora de transformar la formación mediante la personalización de las experiencias de aprendizaje, el aumento del rendimiento operativo y el apoyo a los educadores para impartir una formación más eficaz. Sin embargo, a medida que las tecnologías de IA se integran cada vez más en las estructuras académicas, las preocupaciones sobre la equidad y el acceso se han convertido en problemas importantes y apremiantes. Sin un diseño e implementación intencionados, la IA puede perpetuar o incluso exacerbar las disparidades existentes en la formación.

El acceso a equipos educativos con IA depende en gran medida de la infraestructura digital, que incluye una red fiable, dispositivos modernos y asistencia técnica. Muchos grupos marginados, principalmente en zonas rurales o económicamente desfavorecidas, carecen de estos elementos fundamentales. Los estudiantes de estas regiones carecen de dispositivos personales ni conexiones a internet estables, lo que limita su capacidad para beneficiarse de los sistemas de IA diseñados para ofrecer instrucción personalizada o retroalimentación en tiempo real.

La disparidad se vuelve especialmente evidente en las eventualidades de aprendizaje remoto. Durante la pandemia de COVID-19, por ejemplo, millones de estudiantes universitarios se quedaron atrás debido al acceso virtual insuficiente. Las plataformas basadas en IA que se adaptan al progreso o patrones de aprendizaje del usuario son inútiles si los estudiantes no pueden acceder a ellas en todo momento. Además, muchos equipos de IA están optimizados para hardware más moderno, lo que impide que quienes tienen dispositivos antiguos utilicen funciones avanzadas, como simulaciones inmersivas o traducción de idiomas en tiempo real.

Reducir la brecha virtual no siempre se limita a la distribución de dispositivos; también requiere financiación en infraestructura, como proyectos de redes wifi, acceso asequible a banda ancha y asistencia técnica in situ. Sin estas medidas, los beneficios de la IA en la educación seguirán desproporcionadamente favoreciendo a los más privilegiados digitalmente.

Los sistemas de IA son tan precisos como los hechos con los que se basan. Cuando los conjuntos de datos están sesgados o no son de confianza, los modelos de IA pueden producir resultados sesgados o culturalmente insensibles. Este problema es especialmente preocupante en contextos educativos donde la justicia y la equidad son primordiales.

Por ejemplo, los algoritmos de IA utilizados para la calificación automática o la elaboración de perfiles estudiantiles pueden entrenarse principalmente con información de contextos lingüísticos o culturales específicos. Esto podría perjudicar a los estudiantes de grupos minoritarios, cuyos dialectos, patrones de comunicación o comportamientos de aprendizaje podrían no coincidir con los patrones de registro que reconoce el conjunto de reglas. De igual manera, los motores de recomendación que guían a los estudiantes universitarios hacia publicaciones o trayectorias profesionales podrían contribuir a las desigualdades sociales existentes si los registros históricos muestran sesgos sistémicos, como la infrarrepresentación de las mujeres en los campos STEM.

Para abordar esto, los desarrolladores deben auditar los conjuntos de datos de entrenamiento para determinar su alcance e implementar estrategias de mitigación de sesgos, que incluyen educación antagónica, modelos con enfoque en la equidad y validación continua en diferentes grupos demográficos. Además, involucrar a educadores, líderes comunitarios y estudiantes de empresas subrepresentadas en el diseño y la prueba de sistemas de IA garantiza que las tecnologías resultantes sean más adaptadas a las diferentes culturas e inclusivas.

Otra capa de desigualdad proviene del predominio del inglés en los equipos educativos de IA. Si bien el inglés es un idioma tecnológico global, miles de estudiantes participan en la educación a través de lenguas locales o indígenas. Las estructuras de IA que no pueden comprender ni generar contenido en esos idiomas marginan inherentemente a los principiantes que no hablan inglés.

La traducción automática ha logrado avances considerables, pero los matices gramaticales, idiomáticos y culturales aún pueden dar lugar a interpretaciones erróneas o a la transmisión de contenido irrelevante. Además, los modelos de reconocimiento de voz y procesamiento del lenguaje natural suelen tener un rendimiento deficiente con acentos o dialectos poco representados en las estadísticas educativas, lo que podría afectar a los sistemas de tutoría basados en el habla o a los asistentes interactivos de IA.

La creación de herramientas de IA que fomenten el multilingüismo exige invertir en el desarrollo de corpus de primer nivel en lenguas subrepresentadas y en la formación de modelos de IA en diversos conjuntos de datos lingüísticos. Además, el contenido localizado —no solo el traducido— debe desarrollarse para reflejar las necesidades culturales y pedagógicas de los distintos estudiantes. De este modo, la IA puede fomentar un acceso más equitativo a la tecnología, superando las barreras lingüísticas.

La comercialización de la IA en la educación ofrece un nuevo enfoque a la equidad. Muchos sistemas de aprendizaje de IA de alto rendimiento son desarrollados por empresas privadas y ofrecen modelos de suscripción, cargos por licencias o cargos por funciones premium. Las escuelas y los estudiantes en regiones de bajos ingresos podrían no poder acceder a estos equipos, lo que agrava la desigualdad educativa.

Incluso en los sistemas educativos públicos, la adopción de tecnología de IA puede verse limitada por restricciones presupuestarias. Las decisiones sobre qué facultades o distritos reciben inversiones en IA suelen reflejar las desigualdades de financiación actuales, lo que resulta en un sistema educativo estratificado donde las instituciones más ricas tienen acceso a equipos modernos mientras que otras dependen de métodos antiguos.

Para combatir esto, los gobiernos, las ONG y las corporaciones filantrópicas deben priorizar modelos de inversión equitativos que garanticen el acceso generalizado a las herramientas de IA. Los proyectos de código abierto y las colaboraciones público-privadas pueden desempeñar un papel fundamental en la democratización del acceso, haciendo que los recursos educativos eficaces basados en IA estén disponibles gratuitamente o a bajo precio a gran escala. Además, fomentar la competencia y la innovación entre las startups especializadas en soluciones de IA de bajo coste puede ayudar a nivelar el mercado.

Las estructuras de IA en formación también deben adaptarse a estudiantes con discapacidades o dificultades de aprendizaje. Si bien la IA ofrece un aprendizaje adaptativo y asistencia personalizada, muchos equipos actuales no están diseñados teniendo en cuenta la accesibilidad habitual. Por ejemplo, los sistemas de IA pueden carecer de compatibilidad con lectores de pantalla, control de voz o técnicas de entrada alternativas, lo que dificulta su uso para estudiantes con discapacidades visuales, auditivas o motoras.

Las estructuras de aprendizaje impulsadas por IA deben cumplir con los principios de diseño genéricos desde el principio, incorporando estándares de accesibilidad como las

WCAG (Pautas de Accesibilidad al Contenido Web). Además, la IA puede mejorar activamente la accesibilidad, por ejemplo, creando subtítulos en tiempo real, ofreciendo funciones de texto a voz o personalizando las interfaces de usuario según las necesidades de aprendizaje específicas.

Colaborar con expertos en accesibilidad, defensores de la discapacidad y especialistas en formación inclusiva durante las etapas de diseño y prueba es crucial para garantizar que los equipos de IA no excluyan inadvertidamente a los estudiantes universitarios con discapacidad. Si se implementa correctamente, la IA tiene el potencial de ampliar significativamente las oportunidades para los principiantes que tradicionalmente han enfrentado limitaciones educativas.

Garantizar la equidad en la implementación de la formación en IA requiere marcos éticos sólidos e intervenciones políticas. Los responsables políticos deben modificar proactivamente el despliegue de la IA para evitar la exacerbación de la desigualdad. Esto incluye exigir transparencia en la toma de decisiones algorítmicas, implementar medidas de protección de la privacidad de los datos y exigir pruebas de impacto en la equidad antes de su implementación a gran escala.

Los centros educativos también deben establecer regulaciones internas sobre el uso de la información, el consentimiento de los estudiantes y la responsabilidad algorítmica. Es importante destacar que la equidad debe ser un criterio primordial en las decisiones de adquisición: los equipos que carecen de funciones de accesibilidad, auditorías de sesgo o soporte multilingüe no deben implementarse a gran escala.

Además, los foros de ética, compuestos por educadores, estudiantes universitarios, especialistas en ética y representantes de la comunidad, pueden supervisar y ayudar a las instituciones a sortear las complejas disyuntivas que implica la adopción de la IA. Estos foros deben tener la autoridad para pausar o rechazar las implementaciones de IA que representen un riesgo para los grupos marginados.

Finalmente, abordar la equidad en la capacitación en IA no es solo una cuestión técnica o de cobertura, sino también social. La inclusión significativa de los grupos que más sufren desigualdad educativa es crucial. Esto incluye a estudiantes, padres, docentes y líderes de redes en los ciclos de desarrollo, prueba y evaluación de equipos de IA.

Las prácticas de diseño participativo garantizan que la tecnología de IA refleje las opiniones y prioridades vividas de numerosos principiantes. Los comentarios de la comunidad pueden revelar puntos débiles en el diseño algorítmico, descubrir resultados imprevistos y orientar estrategias de implementación más equitativas. Además, a medida que los grupos experimentan control sobre la tecnología que utilizan, la adopción y la eficacia aumentan.

Los centros educativos deben fomentar la transparencia sobre el funcionamiento de los sistemas de IA y brindar formación para ayudar a las partes interesadas a comprender sus beneficios y limitaciones. Fomentar la alfabetización virtual y el pensamiento crítico en torno a la IA entre educadores y jóvenes es fundamental para un uso equitativo y ético.

La IA tiene el potencial de revolucionar la educación, pero sus ventajas seguirán distribuyéndose de forma errática a menos que se aborden con urgencia y cuidado los problemas de equidad y acceso. Desde las disparidades infraestructurales y el sesgo algorítmico hasta las barreras lingüísticas y la asequibilidad, es necesario abordar una amplia gama de situaciones desafiantes para garantizar que la IA complemente, en lugar de obstaculizar, la educación inclusiva.

Diseñar sistemas de IA desde la perspectiva de la justicia, la representación y la accesibilidad no es solo una cuestión ética vital, sino también crucial para maximizar el impacto y la eficacia de estos equipos. Al centrar la equidad en las políticas, las prácticas y el diseño, podemos construir un futuro educativo donde la IA beneficie a todas las personas sin experiencia, independientemente de su historia, identidad o ubicación geográfica.

4.6. El impacto social de la IA en las generaciones futuras

La Inteligencia Artificial (IA) se encuentra en el corazón de la continua revolución tecnológica y promete transformar prácticamente todos los aspectos de la vida humana. Para las futuras generaciones, la IA no es simplemente un dispositivo; es una parte fundamental de su entorno, integrada en las estructuras educativas, los sistemas sociales, las economías y los marcos culturales. Como tal, su impacto social es profundo y multidimensional, influyendo en cómo las personas se desarrollan, estudian, se comunican, trabajan y comprenden el mundo. Comprender estas implicaciones es fundamental para garantizar que la IA impulse un desarrollo equitativo, en lugar de exacerbar las desigualdades actuales o generar nuevos dilemas morales.

Uno de los enfoques más destacados en los que se prevé que la IA impacte a las generaciones futuras es a través de la transformación del mercado laboral. Las estructuras de actividad tradicionales están cambiando rápidamente debido a la automatización y al aprendizaje automático de estructuras capaces de realizar tareas complejas que antes estaban reservadas a las personas. Si bien la IA abre nuevos campos y posibilidades, como la consultoría ética en IA, la ingeniería rápida y el diseño inteligente de dispositivos, también deja obsoletos algunos roles. Las generaciones futuras deben adaptarse a una economía donde la flexibilidad cognitiva, la creatividad y la inteligencia emocional sean tan vitales como el conocimiento técnico. La idea del aprendizaje continuo no es una aspiración, sino una necesidad, y las sociedades deben promover el desarrollo continuo de habilidades para garantizar que las personas sigan siendo competentes y eficaces en entornos laborales con mayor inteligencia artificial.

La reconfiguración de los sistemas educativos mediante IA también desempeña un papel fundamental en la configuración de las normas y valores sociales. Los sistemas impulsados por IA ofrecen ahora itinerarios de aprendizaje personalizados que se adaptan en tiempo real a las necesidades de los alumnos. Estas estructuras prometen democratizar el acceso a una educación de calidad, pero también amenazan con consolidar la desigualdad si el acceso se asigna de forma irregular. Los niños que crecen en regiones con escasos recursos también pueden verse igualmente marginados si carecen de conectividad, alfabetización virtual o acceso a herramientas educativas optimizadas por IA. Por lo tanto, el futuro de la educación depende de garantizar la inclusión y establecer una infraestructura que ofrezca a todos los estudiantes el mismo acceso a los beneficios de la IA.

Más allá de la educación y el trabajo, la IA impactará la forma en que las generaciones futuras forjen relaciones e interactúen socialmente. La integración de la IA en sistemas de comunicación verbal, algoritmos de redes sociales e incluso tecnologías de compañía como agentes conversacionales y mascotas robóticas redefinirá la interacción humana. Para los nativos virtuales criados en entornos mediados por IA, la formación de la identidad y la pertenencia social también podrían surgir a través de paradigmas únicos en comparación con las generaciones anteriores. Este cambio presenta tanto oportunidades como desafíos: si bien la IA puede contribuir a la salud intelectual mediante herramientas de terapia digital y mejorar la conectividad, también puede fomentar cámaras de eco, eliminar burbujas y un deterioro de la conexión humana real si no se gestiona con cuidado.

Culturalmente, el papel de la IA como cocreadora de obras de arte, literatura y música redefine los límites de la expresión humana. Las generaciones futuras crecerán en un mundo donde muchas de sus canciones, testimonios o creaciones artísticas favoritas ya no serán generadas por humanos, sino con la ayuda de algoritmos entrenados con grandes conjuntos de datos de creatividad humana. Esto plantea interrogantes sobre la autenticidad, la propiedad y el valor del trabajo humano. Al mismo tiempo, proporciona un lienzo acelerado para la expresión: la IA puede convertirse en un aliado de la creatividad, mejorando en lugar de reemplazar la creatividad humana. Las instituciones educativas y los marcos culturales deben adaptarse para guiar a los jóvenes en la comprensión, comparación y aprovechamiento de la IA como herramienta en las iniciativas creativas.

El desarrollo mental y cognitivo de las generaciones futuras también podría verse influenciado por la ubicuidad de la IA. Los niños expuestos a sistemas inteligentes desde una edad temprana —junto con asistentes digitales, juguetes de IA y contenido académico personalizado— podrían desarrollar formas únicas de procesar información, resolver problemas y conectar con el mundo. Algunos investigadores especulan que estas interacciones podrían afectar la capacidad de atención, el pensamiento crítico o la inteligencia emocional. También existe una controversia sobre la vigilancia y la autonomía; los niños criados en entornos saturados de tecnología de rastreo y modelado del comportamiento podrían internalizar la vigilancia como algo normativo, lo que afectaría sus percepciones de privacidad, libertad y confianza.

Desde una perspectiva social, posiblemente una de las mayores preocupaciones reside en los marcos éticos que rigen el desarrollo y la implementación de la IA. Las generaciones futuras heredarán no solo las capacidades de la IA, sino también los sesgos, las limitaciones y las decisiones éticas que conlleva. Los algoritmos desarrollados con estadísticas antiguas a menudo reflejan y amplían los prejuicios sociales, lo que genera efectos discriminatorios en áreas como la policía, la contratación, la atención médica y la educación. Si no se controlan, estos patrones pueden perpetuar la desigualdad sistémica bajo la apariencia de una toma de decisiones objetiva. Por lo tanto, fomentar la alfabetización en IA y la conciencia ética entre los jóvenes será fundamental. Deben estar capacitados para impugnar, auditar y reformar las estructuras que los conforman.

El impacto de la IA en la gobernanza y la participación cívica es otro ámbito con resultados de gran alcance. Con el creciente uso de la IA en el modelado de políticas, la vigilancia predictiva, la optimización de servicios públicos y las estrategias electorales, los ciudadanos del futuro necesitarán interactuar críticamente con la gobernanza algorítmica. La capacidad de tecnocracia —donde las decisiones se toman mediante estructuras basadas en estadísticas, en lugar de la deliberación democrática— requiere una sólida educación cívica para preparar a los niños para participar significativamente en sociedades democráticas. La transparencia, la responsabilidad y los métodos de diseño participativo deben institucionalizarse para evitar la privación de derechos en el ejercicio de la función pública.

Las implicaciones ambientales del desarrollo de la IA también se entrelazan con los valores y prioridades de las generaciones futuras. A medida que se intensifica el debate sobre el cambio climático, las generaciones más jóvenes ya se expresan abiertamente sobre la sostenibilidad y la gestión del planeta. Sin embargo, el desarrollo de grandes modelos de IA consume enormes cantidades de electricidad y agua. Los futuros tecnólogos deben afrontar el coste ecológico de la innovación y priorizar la IA ecológica: sistemas diseñados teniendo en cuenta la sostenibilidad ambiental. Fomentar la formación interdisciplinaria que combine la IA con la ecología, la ética y el pensamiento sistémico puede preparar a los futuros líderes para desenvolverse en este complejo terreno.

La religión, la filosofía y la espiritualidad incluso se toparán con cambios a medida que la IA difumina las fronteras entre lo humano y lo tecnológico. Preguntas sobre la conciencia, la empresa y el alma fluirán de la ficción especulativa al discurso público. Los jóvenes se enfrentarán a lo que significa ser humano en una era de mentes artificiales. ¿Se les concederán derechos a los socios de la IA? ¿Puede un sistema ser creativo, empático o ético? Estas preguntas exploran creencias profundamente arraigadas e invitan a reexaminar el excepcionalismo humano.

El efecto social de la IA en las generaciones futuras es amplio y profundo. Si bien la IA posee un potencial enorme para embellecer la existencia humana, también plantea peligros que deben abordarse con cuidado. Las estructuras educativas, los hogares, los gobiernos y los desarrolladores comparten el deber colectivo de forjar un futuro en el que la IA empodere en lugar de alienar. Las generaciones futuras ya no deben ser receptores pasivos de la influencia de la IA, sino cocreadores activos de su papel en la sociedad. Esto exige dotarlas de las herramientas, la información y la base moral necesarias para interactuar significativamente con sistemas inteligentes y para examinar futuros en los que la generación sirva a los ideales máximos de la humanidad.

4.7. Supervisión y rendición de cuentas humanas en sistemas de IA

A medida que la inteligencia artificial se integra cada vez más en la educación, la atención médica, la gobernanza y el sector privado, la necesidad de marcos claros que garanticen la supervisión y la responsabilidad humanas se ha vuelto fundamental. Si bien la IA ofrece capacidad transformadora, también plantea importantes riesgos éticos, sociales y operativos si no se controla. En el contexto de la educación, en particular, donde las decisiones pueden afectar el desarrollo cognitivo, el bienestar emocional y las perspectivas futuras de los principiantes, la presencia del juicio humano sigue siendo irremplazable. Por lo tanto, la supervisión y la rendición de cuentas no son cuestiones secundarias, sino fundamentales para la implementación responsable de la IA.

El precepto de supervisión humana se refiere a la necesidad de que los humanos controlen los sistemas de IA, o al menos se involucren significativamente con ellos. Esto puede incluir la supervisión, la aprobación o la capacidad de anular las decisiones tomadas mediante algoritmos. La rendición de cuentas, por otro lado, implica que personas o instituciones identificables rindan cuentas de las consecuencias generadas por la IA, garantizando la transparencia en la toma de decisiones y permitiendo la aplicación de medidas correctivas cuando surjan errores o daños.

Uno de los motivos esenciales de la supervisión humana es la naturaleza no determinista del sistema que aprende de las modas. Estas estructuras se caracterizan frecuentemente como contenedores negros, extrayendo conclusiones basadas en patrones estadísticos que no siempre son evidentes para los usuarios. En un contexto académico, por ejemplo, un dispositivo de IA puede marcar a un alumno como de bajo rendimiento o desconectado, lo que desencadena intervenciones o modifica su trayectoria académica. Sin supervisión humana, estas decisiones pueden basarse en información incompleta, sesgada o malinterpretada, lo que conlleva consecuencias no solo erróneas, sino también injustas.

La supervisión humana mitiga los riesgos de deshumanización en la formación. Cuando la transmisión de contenido, las evaluaciones y los comentarios se automatizan sin la suficiente participación del profesorado, a menudo se pierden las dimensiones relacionales y emocionales del aprendizaje. Los educadores desempeñan un papel fundamental en la interpretación de datos, el conocimiento de los detalles contextuales y la motivación, características que la IA no puede replicar con autenticidad. Garantizar que los educadores humanos tengan la autoridad para interpretar y cuestionar los conocimientos generados por la IA es fundamental para preservar la humanidad de la educación.

Igualmente crucial es organizar mecanismos transparentes de rendición de cuentas para el despliegue y los efectos de los sistemas de IA. En muchos sectores, incluido el educativo, la falta de transparencia en la toma de decisiones sobre IA ha generado desconfianza pública y situaciones legales complejas. Cuando surgen errores —como clasificaciones erróneas, patrones discriminatorios o violaciones de la privacidad—, es necesario establecer vías de reparación. Las escuelas, los desarrolladores y las autoridades educativas deben colaborar para decidir quién es responsable cuando la IA falla y cómo se documentan, auditan y subsanan dichos fallos.

Para facilitar esto, se está desarrollando un nombre para la IA explicable (XAI), que busca hacer que las estructuras de IA sean más obvias al proporcionar justificaciones comprensibles para los humanos que justifiquen sus resultados. En el aula, esto permitirá que profesores y alumnos puedan cuestionar por qué se realizó una recomendación específica o comprender qué estadísticas motivaron una propuesta de calificación. Esta transparencia fomenta la confianza y permite a los educadores confirmar o cuestionar las decisiones de los dispositivos, reforzando el principio del juicio compartido frente al dominio de los dispositivos.

Los organismos de supervisión ética también son cada vez más comunes en las instituciones que implementan IA. Estos también pueden incluir comités internos de ética de IA, grupos de auditoría independientes o autoridades reguladoras que evalúan la imparcialidad, precisión y seguridad de las estructuras. En el ámbito educativo, estos organismos pueden evaluar si las aplicaciones de IA se ajustan a los objetivos pedagógicos, los estándares de imparcialidad y las leyes de privacidad de la información. Actúan como un amortiguador contra el determinismo tecnológico y la extralimitación corporativa al integrar métodos de evaluación ética en el desarrollo e implementación de dispositivos.

Además, las estructuras de responsabilidad deben tener en cuenta los efectos a largo plazo. Las estructuras de IA suelen evolucionar mediante el aprendizaje continuo, adaptándose a la nueva información a lo largo de los años. Esta naturaleza dinámica requiere un seguimiento y una recalibración constantes para evitar desviarse de los objetivos originales o las limitaciones éticas. Por lo tanto, la supervisión humana debe ser continua, no episódica, con mecanismos para reemplazar, pausar o retirar sistemas a medida que cambian los contextos.

La inclusión de estudiantes universitarios y educadores en roles de supervisión es otra medida vital. Quienes se ven más afectados por las decisiones de IA deben tener voz en el diseño, la implementación y la evaluación de dichas estructuras. Los enfoques de diseño participativo que invitan a la participación de diversas partes interesadas no solo generan estructuras más equitativas, sino que también distribuyen la responsabilidad de forma más democrática. Los proyectos de transparencia, como las fichas de IA o las declaraciones de impacto algorítmico, también pueden empoderar a los usuarios al desmitificar el funcionamiento de la IA y sus efectos.

Los marcos legales están empezando a evolucionar en respuesta a estas necesidades. La Ley de Inteligencia Artificial de la Unión Europea, por ejemplo, exige una rigurosa supervisión y documentación de los sistemas de IA de alto riesgo, como los utilizados en el entrenamiento. Otras jurisdicciones están siguiendo esta práctica, reconociendo la importancia de una rendición de cuentas codificada para proteger el interés público. Estas medidas regulatorias enfatizan que la supervisión humana no siempre es una actividad interna, sino una expectativa social con implicaciones penales.

Finalmente, el estilo de vida en torno a la IA debe cambiar para incorporar humildad y vigilancia. La excesiva dependencia de la era, especialmente cuando se presenta como imparcial o infalible, socava el deber de los actores humanos de mantenerse comprometidos e importantes. Formar a educadores, directores y estudiantes universitarios para comprender los límites de la IA y practicar un escepticismo informado es tan esencial como la innovación técnica. Una subcultura de la responsabilidad se desarrolla a partir del reconocimiento y se sustenta mediante la comunicación, la formación y el compromiso institucional.

La integración de la IA en la formación debe partir del reconocimiento inquebrantable de que los seres humanos tienen la responsabilidad final de su efecto. La supervisión y la rendición de cuentas no son opcionales; pueden ser imperativos morales. Al centrarnos en el juicio humano, establecer estrategias claras y mantener una vigilancia constante, podemos garantizar que la IA sirva como herramienta de empoderamiento, no como una herramienta de control. Al hacerlo, honramos los valores de la educación y protegemos los derechos y la dignidad de las generaciones futuras.

CAPÍTULO 5

Inteligencia Artificial y Accesibilidad en
la Educación

CAPÍTULO 3

5.1. Accesibilidad y oportunidades educativas en IA

La integración de la Inteligencia Artificial (IA) en la formación garantiza cambios transformadores en términos de accesibilidad y oportunidades. Dado que la brecha digital sigue siendo un grave problema en las estructuras educativas internacionales, la IA ofrece un método potencial para reducir las brechas y proporcionar acceso equitativo a estudios de calidad.

La función principal de la IA para mejorar la accesibilidad reside en su capacidad para personalizar y adaptar los estudios educativos a las necesidades de cada estudiante. En regiones donde el acceso a educadores certificados o a recursos académicos de calidad es limitado, la IA puede intervenir para ofrecer un entorno de aprendizaje más consistente y adaptable. Los sistemas basados en IA pueden analizar el progreso, el estilo de aprendizaje y las exigencias específicas de cada estudiante, lo que permite planes de aprendizaje más personalizados que garantizan la satisfacción de las necesidades de cada alumno.

Uno de los componentes más cruciales para mejorar la accesibilidad mediante IA es su capacidad para impartir formación en zonas remotas y desatendidas. Las estructuras impulsadas por IA, junto con las aulas digitales y los entornos de aprendizaje adaptativos, pueden llegar a estudiantes que, de otro modo, no tendrían acceso a las aulas tradicionales. Al eliminar las barreras geográficas, la IA permite a estudiantes de todo el mundo acceder a contenido educativo de primera calidad sin las limitaciones de la infraestructura física. Esto beneficia especialmente a las comunidades en zonas rurales o afectadas por la guerra, donde las oportunidades educativas pueden ser escasas o incluso inexistentes.

Además, la IA puede contribuir significativamente a la inclusión educativa al ayudar a estudiantes universitarios con diversas necesidades de aprendizaje. Para las personas con discapacidad, la IA ofrece numerosas herramientas que pueden ayudar a superar las barreras para aprender. Las tecnologías de texto a voz y de voz a texto, los intérpretes de lenguaje de señas impulsados por IA y los asistentes de lectura personalizados pueden atender a estudiantes con discapacidades visuales, auditivas o de movilidad. Al hacer que el aprendizaje sea más accesible para todos, la IA garantiza que ningún estudiante quede excluido debido a limitaciones físicas o cognitivas.

El potencial de la IA para brindar igualdad de oportunidades educativas se extiende a estudiantes universitarios de entornos socioeconómicos desfavorecidos. A menudo, estos estudiantes se enfrentan a situaciones difíciles, como acceso restringido a materiales de aprendizaje, falta de estructuras de apoyo o aulas superpobladas. Las soluciones basadas en IA, que incluyen tutores virtuales y sistemas de calificación automatizados, pueden aliviar la carga de trabajo de los docentes y garantizar que los estudiantes de comunidades desatendidas reciban la atención y el apoyo que necesitan. Además, la capacidad de la IA para escalar soluciones de aprendizaje permite ofrecer contenido educativo de calidad a grandes grupos de estudiantes simultáneamente, sin comprometer la calidad de la experiencia de aprendizaje.

Si bien la IA puede mejorar el acceso a la educación de muchas maneras, es crucial tener en cuenta los riesgos y desafíos que conlleva su implementación. Una de las principales preocupaciones es la posibilidad de profundizar la brecha digital, especialmente en países o regiones con infraestructura tecnológica subdesarrollada. El acceso a internet, dispositivos y equipos de IA es escaso, y sin una inversión adecuada en infraestructura digital, existe la posibilidad de que los beneficios de la IA se perciban de forma desproporcionada en los estudiantes de zonas más ricas o tecnológicamente más avanzadas. Por lo tanto, los gobiernos, las instituciones educativas y las empresas tecnológicas deben colaborar para garantizar que las tecnologías de IA estén disponibles para todos los estudiantes, independientemente de su nivel socioeconómico o ubicación geográfica.

Otra misión reside en las implicaciones morales de la educación impulsada por IA. Si bien la IA puede proporcionar información valiosa e historias de aprendizaje personalizadas, también plantea interrogantes sobre la privacidad, la seguridad de la información y los sesgos algorítmicos. La recopilación y el análisis de grandes cantidades de información personal de los estudiantes podría exponerlos a riesgos, como el robo de identidad o la vigilancia. Para mitigar estos riesgos, es fundamental que los sistemas de IA se diseñen con sólidas medidas de seguridad de la información y transparencia. Asimismo, los algoritmos de IA deben auditarse periódicamente para garantizar que estén libres de sesgos y ofrezcan oportunidades educativas equitativas para todos los estudiantes.

En definitiva, la función de la IA en la educación va más allá de simplemente facilitar el aprendizaje. Proporciona una herramienta eficaz para transformar las estructuras académicas y crear nuevas oportunidades para estudiantes de todo el mundo. Al aprovechar todo el potencial de la IA, podemos ofrecer una educación personalizada, inclusiva y escalable que satisfaga las diversas necesidades de los principiantes en todo el mundo. Sin embargo, se debe prestar especial atención a las exigencias morales, sociales y tecnológicas que acompañan la enorme adopción de la IA en la educación. Si estas exigencias se abordan de forma reflexiva y colaborativa, la IA tiene el poder de revolucionar la educación y hacerla más accesible para todos, independientemente de su historia o circunstancias.

5.2. Apoyo a estudiantes con discapacidad mediante IA

La Inteligencia Artificial (IA) tiene un gran potencial para transformar las experiencias educativas de los estudiantes con discapacidad. Al proporcionar herramientas de aprendizaje personalizadas y adaptativas, la IA puede contribuir a crear un entorno educativo inclusivo que abarque las diversas necesidades de estos estudiantes. Gracias a los avances en la tecnología impulsada por la IA, los estudiantes con discapacidades físicas, sensoriales y cognitivas pueden recibir apoyo personalizado, lo que garantiza que la educación sea más accesible, atractiva y eficaz.

Una de las mayores ventajas de la IA para ayudar a estudiantes universitarios con discapacidad es su capacidad para personalizar el aprendizaje en tiempo real. Los entornos tradicionales de aula también pueden tener dificultades para satisfacer las necesidades específicas de los estudiantes con discapacidad debido a las limitaciones de tiempo, recursos y proporción profesor-alumno. Sin embargo, los sistemas de IA están diseñados para evaluar los patrones, fortalezas y desafíos del aprendizaje individual, lo que les permite ofrecer una experiencia de aprendizaje personalizada que se adapta al ritmo y las capacidades de cada alumno. Por ejemplo, la IA puede examinar el nivel de comprensión lectora de un estudiante y ajustar la dificultad del texto en consecuencia, garantizando que el alumno reciba tanto los desafíos como el apoyo adecuados.

Para estudiantes universitarios con discapacidad visual, las tecnologías de IA, como las estructuras de texto a voz, pueden analizar contenido digital en voz alta, haciéndolo accesible sin necesidad de interacción física. Estos sistemas pueden convertir texto impreso a formato auditivo, lo que permite a los estudiantes con discapacidad visual acceder a libros, artículos y materiales académicos que de otro modo no estarían disponibles. Además, las herramientas de reconocimiento de imágenes basadas en IA pueden describir imágenes y diagramas, lo que sería especialmente beneficioso para asignaturas como matemáticas o ciencias, donde las ayudas visuales desempeñan un papel fundamental en la comprensión de conceptos.

Además de las tecnologías de texto a voz, las estructuras de voz a texto basadas en IA también son herramientas cruciales para estudiantes con discapacidad auditiva. Estas estructuras convierten las frases habladas en texto escrito en tiempo real, facilitando el acceso a clases, debates y actividades en el aula a estudiantes sordos o con dificultades auditivas. La IA también puede ayudar a los estudiantes en el aprendizaje de idiomas al proporcionar subtítulos en tiempo real, traducción de lenguaje de señas o incluso crear pistas visuales que les permitan comprender ideas complejas sin depender del lenguaje oral convencional.

Otro ámbito donde la IA puede impactar drásticamente a los estudiantes universitarios con discapacidad es en el desarrollo de entornos de aprendizaje adaptativos que atiendan a estudiantes con discapacidades cognitivas. La IA puede examinar el desarrollo del estudiante y ofrecer intervenciones específicas cuando sea necesario, ayudando a estudiantes con trastornos como la dislexia, el TDAH o los trastornos del espectro autista. Por ejemplo, las plataformas de aprendizaje impulsadas por IA pueden simplificar tareas complejas en pasos más pequeños y fáciles de entender, permitiendo a los estudiantes abordar situaciones desafiantes gradualmente y a su propio ritmo. Además, las herramientas académicas impulsadas por IA pueden mostrar el nivel de participación del estudiante y ajustar el contenido o las estrategias de enseñanza según su nivel de conciencia, ofreciendo apoyo a quienes también puedan tener dificultades de atención o concentración.

Además, la IA puede ayudar a los estudiantes universitarios con movilidad reducida al permitir entornos de aprendizaje más flexibles. Los sistemas de IA pueden integrarse en las aulas virtuales, ofreciendo a los estudiantes la posibilidad de participar en la formación, participar en debates institucionales y acceder a materiales de aprendizaje desde casa o en entornos no tradicionales. Esto es especialmente crucial para los estudiantes que no pueden asistir a la escuela debido a barreras físicas, ya que la IA les permite interactuar con sus amigos y profesores a distancia sin dejar de recibir una formación de calidad.

Las tecnologías de IA también pueden mejorar el apoyo socioemocional para estudiantes con discapacidad. Mediante el uso de herramientas basadas en IA, los educadores pueden comprender mejor el estado emocional de los estudiantes y, en consecuencia, ajustar sus estrategias de enseñanza. La IA puede analizar expresiones faciales, tono de voz o incluso información fisiológica para evaluar cómo se siente un estudiante y si presenta dificultades emocionales o conductuales. Estos datos pueden ayudar a los educadores a brindar apoyo o adaptaciones adicionales para garantizar que los estudiantes con discapacidad se sientan apoyados emocionalmente en el aula.

Sin embargo, si bien los beneficios de la IA para apoyar a estudiantes universitarios con discapacidad son enormes, también existen desafíos de capacidad y cuestiones éticas. Un problema es el riesgo de una dependencia excesiva de las estructuras de IA, que puede modificar inadvertidamente la posición de los educadores humanos al brindar apoyo emocional y social. Es fundamental que la IA se considere una herramienta complementaria, y no una alternativa a la interacción humana. El profesorado y el personal académico deben seguir estando a la vanguardia del apoyo al desarrollo emocional y social de los estudiantes universitarios, utilizando la IA como una herramienta que complementa, en lugar de disminuir, la conexión humana.

Además, el uso de IA en la formación plantea interrogantes sobre la privacidad y la seguridad de los datos. Dado que los sistemas de IA suelen recopilar grandes cantidades de información personal sobre los estudiantes, incluyendo sus estilos de aprendizaje, tendencias de comportamiento e incluso, posiblemente, estadísticas de aptitud física, es crucial contar con sólidas medidas de seguridad para proteger esta información confidencial. Las instituciones educativas deben garantizar que los equipos de IA cumplan con las normas de protección de datos y que se respete la privacidad de los estudiantes. Asimismo, los desarrolladores de IA deben ser transparentes sobre cómo se recopilan, utilizan y almacenan los datos, y los padres y estudiantes deben estar informados sobre los posibles riesgos y beneficios del uso de tecnologías de IA.

Finalmente, si bien la IA puede mejorar considerablemente el acceso a la educación para estudiantes con discapacidad, es importante considerar la accesibilidad de la propia tecnología. Los equipos de IA deben diseñarse con la inclusión como prioridad, garantizando que puedan ser utilizados por estudiantes con diversos tipos de discapacidad. Esto requiere la colaboración entre desarrolladores de IA, educadores y defensores de la discapacidad para garantizar que los sistemas de IA no solo sean eficaces, sino también verdaderamente accesibles para todos los estudiantes, independientemente de sus discapacidades.

En conclusión, la IA tiene la capacidad de revolucionar la forma en que apoyamos a los estudiantes universitarios con discapacidad, haciendo que la educación sea más accesible, personalizada e inclusiva. Mediante el uso de la tecnología de IA, los educadores pueden ofrecer guías de aprendizaje personalizadas, ayudar a estudiantes con diversas discapacidades y crear un entorno educativo más inclusivo para todos. Sin embargo, como ocurre con todos los avances tecnológicos, es fundamental que la IA en la educación se aplique con cuidado, prestando especial atención a las consideraciones éticas, la privacidad de datos y la inclusión. Cuando se utiliza de forma responsable, la IA puede mejorar sustancialmente las experiencias y oportunidades educativas de los estudiantes con discapacidad, ayudándolos a alcanzar su máximo potencial.

5.3. Educación digital y acceso global

La formación digital se ha convertido en una de las fuerzas más transformadoras de la educación actual, transformando la forma en que se imparte y se experimenta el aprendizaje en el sector. Con la rápida expansión del acceso a internet y los avances tecnológicos, las plataformas digitales y las herramientas de aprendizaje en línea están alcanzando un público objetivo global más amplio, haciendo que la formación sea más accesible para personas de diversos orígenes y ámbitos.

Una de las principales ventajas de la educación virtual es su capacidad para superar las barreras geográficas y logísticas. En muchas partes del sector, especialmente en zonas rurales y remotas, el acceso a las instituciones educativas tradicionales puede verse restringido por factores como la falta de infraestructura, la escasez de docentes cualificados o las limitaciones económicas. La educación digital puede superar esta brecha al permitir a los estudiantes acceder a la adquisición de conocimientos, asistir a clases virtuales e interactuar con docentes desde cualquier lugar con conexión a internet. Esta democratización de la educación permite a los estudiantes recibir una excelente formación independientemente de su región, lo que les brinda oportunidades para el aprendizaje permanente y el desarrollo de habilidades.

en línea abiertos (MOOC), impartidos por prestigiosas universidades como Harvard, MIT y Stanford, ahora están disponibles para cualquier persona con conexión a internet. Estos cursos abarcan una amplia gama de temas, desde informática hasta negocios y artes, ofreciendo a los estudiantes de primer año la oportunidad de acceder a una educación de calidad internacional sin necesidad de asistir físicamente a una universidad. Asimismo, plataformas digitales como Coursera, edX y Khan Academy ofrecen a los principiantes libros gratuitos o de bajo costo, además de ampliar el acceso a recursos educativos que, de otro modo, estarían fuera del alcance de muchas personas.

Además de los MOOC, las herramientas de formación virtual también incluyen ebooks, videoconferencias, simulaciones interactivas y exámenes en línea, todos ellos adaptables al aprendizaje individual de patrones y necesidades. Estos recursos permiten a los estudiantes universitarios analizar a su propio ritmo, revisar conceptos según sea necesario y acceder a recursos a través de foros en línea o redes de pares. Para quienes se inician en regiones subdesarrolladas o afectadas por conflictos, la educación digital puede ofrecer una alternativa a la formación tradicional, donde los centros educativos pueden ser inaccesibles o peligrosos.

Además, la capacitación digital ofrece la posibilidad de ofrecer oportunidades de aprendizaje especializado para empresas marginadas, como mujeres, refugiados y personas con discapacidad. En muchas partes del mundo, las barreras culturales o sociales también pueden limitar el acceso a la educación para estas empresas. Sin embargo, las plataformas digitales pueden brindar un espacio seguro y accesible para que las personas aprendan y desarrollen habilidades, ayudándolas a superar estas limitaciones. Por ejemplo, los proyectos de educación digital, como los destinados a educar a niñas en países en desarrollo, ofrecen una alternativa a la educación tradicional, empoderando a las mujeres para que continúen sus estudios y mejoren sus perspectivas de futuro.

Sin embargo, a pesar de la capacidad de la formación digital para promover el acceso internacional, persisten importantes desafíos para garantizar que estas oportunidades sean verdaderamente inclusivas. Uno de los principales obstáculos es la brecha virtual: la brecha entre quienes tienen acceso a internet y a la tecnología esencial y quienes no. En muchos países de bajos ingresos o zonas rurales, el acceso a internet es limitado o inexistente, o incluso cuando está disponible, la infraestructura puede ser insuficiente para facilitar una educación virtual eficaz. Esta disparidad en el acceso a la tecnología puede crear un sistema educativo multinivel, en el que los estudiantes de las zonas más desarrolladas tienen acceso a herramientas y recursos de aprendizaje avanzados, mientras que los de las zonas menos desarrolladas se quedan atrás.

Además, el valor de los dispositivos, la conectividad a internet y los sistemas de aprendizaje digital puede resultar prohibitivo para muchos hogares y comunidades. Si bien algunos gobiernos y organismos trabajan para abordar estos problemas ofreciendo acceso a internet subsidiado o donando dispositivos, la disponibilidad sigue siendo amplia en muchas zonas. Como resultado, los estudiantes de entornos de bajos recursos o de zonas rurales también pueden tener dificultades para aprovechar al máximo las oportunidades de la educación digital, lo que agrava las desigualdades existentes en el acceso a la educación.

Además de las dificultades de infraestructura y asequibilidad, la educación digital también plantea inquietudes sobre la calidad del aprendizaje. Si bien las estructuras digitales brindan acceso a una gran cantidad de información, la calidad de estas estadísticas puede variar considerablemente. En algunos casos, los recursos digitales también pueden carecer de la intensidad o el rigor de la enseñanza tradicional en el aula, y los estudiantes pueden tener dificultades para interactuar con contenido que no siempre está bien diseñado o es interactivo. Asimismo, la falta de formación presencial puede limitar las oportunidades de los estudiantes para participar en debates, hacer preguntas o recibir retroalimentación inmediata de los profesores, componentes importantes del proceso de aprendizaje.

Para abordar estas situaciones exigentes, es crucial que la educación virtual se integre en los sistemas educativos más amplios con métodos que complementen y mejoren los métodos tradicionales de aprendizaje. Este método garantiza el uso de herramientas digitales junto con la orientación presencial, y que los docentes ofrezcan orientación y apoyo a los estudiantes mientras navegan por los entornos de aprendizaje en línea. Además, la calidad del contenido educativo virtual debe ser una prioridad absoluta, y las plataformas e instituciones deben garantizar que los recursos estén bien seleccionados, actualizados y diseñados para promover la participación activa y el cuestionamiento crítico.

Los gobiernos, las ONG y las corporaciones internacionales también desempeñan un papel importante en la promoción del acceso internacional a la educación virtual. Al invertir en infraestructura virtual, ofrecer financiación para el acceso a internet y apoyar proyectos centrados en reducir la brecha digital, estas organizaciones pueden contribuir a crear un sistema educativo global más equitativo. Por ejemplo, los Objetivos de Desarrollo Sostenible (ODS) de las Naciones Unidas se centran en garantizar una educación inclusiva y equitativa de calidad y en promover oportunidades de aprendizaje permanente para todos, lo cual se alinea con los objetivos de ampliar el acceso a la educación virtual.

Además de mejorar la infraestructura, los responsables políticos deben considerar la diversidad cultural, lingüística y pedagógica de los principiantes al diseñar proyectos de formación virtual. Por ejemplo, los cursos en línea deben estar disponibles en varios idiomas, con contenido adaptado a los contextos culturales específicos y a las oportunidades de aprendizaje de diferentes regiones. Asimismo, las plataformas virtuales deben ofrecer funciones que ayuden a los estudiantes con discapacidad, garantizando que todos los principiantes tengan el mismo acceso a los recursos educativos.

El papel de los docentes y educadores en el panorama de la educación digital también es crucial. Los docentes deben contar con las competencias y la información necesarias para integrar eficazmente las herramientas virtuales en sus prácticas docentes. Esto requiere desarrollo profesional continuo y apoyo para ayudar a los educadores a navegar por las complejidades de la formación digital y a garantizar que puedan ofrecer experiencias de aprendizaje significativas a sus estudiantes. Además, la educación virtual ya no debe reemplazar la relación profesor-alumno, que sigue siendo un componente crucial del aprendizaje eficaz. En cambio, la tecnología debe utilizarse para enriquecer esta relación mediante la impartición de herramientas que permitan a los docentes comprender mejor las necesidades de sus estudiantes y adaptar la orientación en consecuencia.

En definitiva, la educación virtual ofrece un enorme potencial para ampliar el acceso a una educación excepcional a nivel mundial, ayudando a superar las barreras geográficas, económicas y sociales. Al aprovechar las plataformas virtuales, los principiantes de todo el mundo pueden acceder a recursos académicos, interactuar con el profesorado y alcanzar sus sueños educativos. Sin embargo, para que la educación virtual alcance su máximo potencial, es crucial que gobiernos, agencias y educadores colaboren para abordar los desafíos de la brecha digital, garantizar el mejor contenido de aprendizaje en línea y crear sistemas inclusivos y equitativos que brinden oportunidades a todos los estudiantes, independientemente de su origen o ubicación. Mediante estos esfuerzos, la educación virtual puede contribuir a transformar el panorama educativo y ofrecer un futuro más accesible y equitativo para los principiantes de todo el mundo.

5.4. Creación de entornos de aprendizaje inclusivos con IA

La creación de entornos de aprendizaje absolutamente inclusivos ha sido durante mucho tiempo un objetivo fundamental de la teoría y la práctica docente. Estos entornos comprenden y valoran la diversidad entre los recién llegados, ofreciendo oportunidades equitativas para que todos los estudiantes interactúen, tengan éxito y prosperen, independientemente de sus antecedentes, habilidades o identidades. Con la llegada de la Inteligencia Artificial (IA), han surgido nuevas herramientas y metodologías que mejoran considerablemente la capacidad de los educadores y las instituciones para diseñar, implementar y mantener la inclusividad en la educación. La capacidad de la IA para personalizar el aprendizaje, detectar obstáculos y satisfacer diversas necesidades ofrece una capacidad transformadora para derribar las barreras tradicionales y fomentar entornos donde cada estudiante pueda participar de forma plena y significativa.

En esencia, la inclusión en la educación exige reconocer la multiplicidad de diferencias entre los estudiantes: estilos cognitivos, antecedentes culturales, habilidades lingüísticas, discapacidades físicas y sensoriales, factores socioeconómicos y necesidades emocionales. Históricamente, los sistemas educativos solían basarse en procesos universales que no lograban adaptarse a esta diversidad, lo que resultaba en la exclusión o marginación de muchos estudiantes. Las tecnologías de IA, mediante la evaluación, permiten una personalización y una capacidad de respuesta granulares que pueden adaptarse al perfil particular de cada estudiante, ampliando así la definición y el alcance de la inclusión.

Una de las principales maneras en que la IA contribuye a la inclusión es mediante la personalización de las rutas de aprendizaje. Las plataformas de aprendizaje adaptativo analizan las fortalezas, debilidades y preferencias de los estudiantes principiantes, editando dinámicamente los problemas, el diseño y el ritmo del contenido para satisfacer sus necesidades. Para estudiantes con dificultades de aprendizaje, como dislexia, trastorno por déficit de atención e hiperactividad (TDAH) o trastornos del espectro autista, los sistemas de IA pueden ofrecer ayudas personalizadas —como la conversión de texto a voz, ayudas visuales, instrucciones simplificadas o simulaciones interactivas— que hacen que el contenido sea más accesible y atractivo. Estas técnicas individualizadas reducen la frustración y las barreras, empoderando a estudiantes que, de otro modo, tendrían dificultades en entornos estandarizados.

Además, la tecnología de asistencia basada en IA proporciona orientación directa a principiantes con discapacidades físicas, sensoriales o cognitivas. Por ejemplo, la reputación del habla y el procesamiento natural del lenguaje permiten instrucciones de voz y dictado para estudiantes con dificultades motoras. Los subtítulos en tiempo real y los avatares en lenguaje de señas mejoran la comunicación para personas con discapacidad auditiva. La tecnología de monitorización ocular e interfaz cerebro- computadora abre nuevas posibilidades para que estudiantes con movilidad reducida interactúen con contenido virtual. Al integrar estas herramientas de asistencia en los sistemas de aprendizaje convencionales, la IA facilita la accesibilidad y cubre las deficiencias que las aulas tradicionales podrían pasar por alto o abordar de forma inadecuada.

La diversidad lingüística también se beneficia considerablemente de la inclusión habilitada por IA. Los principiantes multilingües a menudo enfrentan obstáculos cuando la capacitación se imparte únicamente en un idioma dominante. Las herramientas de traducción, transcripción y aprendizaje de idiomas impulsadas por IA pueden brindar asistencia lingüística instantánea, permitiendo a los estudiantes acceder a contenido en su lengua materna o practicar el aprendizaje del idioma a su propio ritmo. Además, la IA puede comprender contenido culturalmente relevante y adaptar ejemplos o contextos para que resuenen con diversos orígenes, fomentando una experiencia educativa más acogedora y cercana.

Más allá de los apoyos individualizados, la IA facilita los principios del Diseño Único para el Aprendizaje (DUA) al permitir diversas formas de representación, expresión y participación. Por ejemplo, el material académico puede ofrecerse en diversos formatos (texto, audio, vídeo, simulaciones interactivas), ofreciendo a los principiantes la posibilidad de interactuar de forma adaptada a sus preferencias o necesidades. Los algoritmos de IA pueden revelar patrones de participación y proponer estrategias alternativas de transmisión de contenido si un alumno presenta dificultades, eliminando así de forma proactiva los obstáculos a la participación.

En entornos de aulas, los análisis basados en IA proporcionan a los educadores información práctica sobre la inclusividad de sus prácticas de formación. Al estudiar las tasas de participación, el impacto del proyecto y los efectos de la evaluación en diferentes grupos de alumnos, la IA puede identificar disparidades que podrían indicar exclusión o sesgo sistémico. Los docentes pueden entonces intervenir con estrategias específicas, junto con la educación diferenciada o las iniciativas de apoyo entre pares. Además, la IA puede facilitar la gestión inclusiva de aulas mediante el seguimiento de dinámicas sociales, la detección del acoso escolar o la marginación y la alerta temprana a los educadores para que intervengan.

El diseño y la implementación de la propia IA deben adherirse a los conceptos de inclusividad. El desarrollo de una IA inclusiva implica diversos conjuntos de datos, un diseño participativo con partes interesadas de organizaciones subrepresentadas y una auditoría continua de sesgos. De no lograrse esto, se corre el riesgo de replicar o amplificar las desigualdades sociales mediante tecnologías educativas. Por ejemplo, las estructuras de IA capacitadas predominantemente con datos de poblaciones mayoritarias también pueden malinterpretar los comportamientos o deseos de las personas sin experiencia pertenecientes a minorías, lo que genera ideas inexactas o resultados excluyentes. El desarrollo de una IA inclusiva es crucial para garantizar que los beneficios de las herramientas de aprendizaje adaptativo y accesibilidad se distribuyan equitativamente.

Las cuestiones éticas son fundamentales para fomentar una IA inclusiva: un conocimiento más ventajoso de los entornos. La transparencia sobre la toma de decisiones de los sistemas de IA, la protección de la privacidad de la información de los estudiantes y el respeto por la autonomía del alumno deben integrarse en todos los niveles de implementación. Los educadores y los estudiantes universitarios deben tener la capacidad de anular o personalizar las intervenciones de la IA, garantizando que la tecnología complemente el juicio humano en lugar de reemplazarlo. Generar consenso sobre la función de la IA en la educación inclusiva requiere un intercambio verbal abierto y un diálogo continuo entre todas las partes interesadas.

Además, la IA ofrece oportunidades para enriquecer el aprendizaje socioemocional (ASE) y promover la inclusión más allá del cumplimiento de la instrucción. Los sistemas inteligentes pueden detectar síntomas de angustia emocional, aislamiento social o ansiedad, especialmente en estudiantes vulnerables. Al alertar a los educadores o sugerir recursos de apoyo, la IA contribuye a crear entornos enriquecedores donde cada alumno se siente valorado y apoyado. Por consiguiente, la educación inclusiva se extiende a la mejora holística, abarcando tanto el bienestar como el desarrollo intelectual.

De cara al futuro, la combinación de la IA con tecnologías emergentes, como la realidad virtual y aumentada, promete una formación educativa aún más inmersiva e inclusiva. Imagine a estudiantes con movilidad reducida explorando excursiones virtuales, o a estudiantes de primer año de idiomas manteniendo conversaciones simuladas y culturalmente enriquecedoras que se adaptan a su nivel de habilidad. Estas tecnologías, impulsadas por la IA, derribarán aún más las barreras físicas, sociales y cognitivas, facilitando el acceso a un aprendizaje experiencial que antes era inalcanzable para muchos.

La IA tiene la capacidad de revolucionar la creación de entornos de aprendizaje inclusivos al permitir la personalización, la accesibilidad, la receptividad cultural y el apoyo socioemocional a escalas extraordinarias. Sin embargo, comprender esta capacidad requiere un diseño intencional, dedicación moral y un compromiso colaborativo entre educadores, tecnólogos, legisladores y los propios estudiantes. Cuando la inclusividad se integra en el núcleo de la formación superior en IA, transforma no solo la vida de las personas, sino también la sociedad, fomentando la equidad, la dignidad y las oportunidades para todos.

5.5. Herramientas basadas en IA para diversos estilos de aprendizaje

Cada estudiante aborda la educación con un conjunto único de alternativas, fortalezas y estilos cognitivos, comúnmente conocidos como patrones de aprendizaje. Estos estilos pueden incluir opciones visuales, auditivas, kinestésicas, de lectura y escritura, o combinaciones de estas. Reconocer y adaptar esta diversidad es crucial para maximizar la participación, la comprensión y la retención. La Inteligencia Artificial (IA) ofrece herramientas eficaces para identificar, adaptarse y apoyar diversos patrones de aprendizaje a nivel de personalidad, transformando la educación de una versión universal a una experiencia verdaderamente personalizada.

Tradicionalmente, los educadores se han enfrentado a retos a la hora de adaptar la educación a diversos estilos de estudio debido a las limitaciones de tiempo, recursos y tamaño de los alumnos. Sin embargo, los sistemas basados en IA pueden recopilar y analizar constantemente datos sobre las interacciones de los alumnos, como su respuesta a formatos de contenido específicos, la rapidez con la que comprenden conceptos ofrecidos en diversas modalidades y su rendimiento en tareas multimedia. Al interpretar estos datos, los algoritmos de IA amplían los perfiles dinámicos de los alumnos, que reflejan no solo los patrones preferidos, sino también factores contextuales como el estado de ánimo, la motivación y la carga cognitiva.

Una utilidad clave de la IA reside en la entrega adaptativa de contenido, donde los materiales se diseñan a medida para adaptarse a las posibilidades de aprendizaje de los estudiantes. Por ejemplo, un estudiante con un estilo de aprendizaje visual podría recibir infografías, vídeos y animaciones, mientras que un estudiante auditivo puede acceder a podcasts, explicaciones narradas o cuestionarios de voz. Los principiantes kinestésicos se benefician de simulaciones interactivas y laboratorios virtuales prácticos impulsados por IA que ajustan la complejidad según los comentarios en tiempo real. Al presentar el contenido en los modos preferidos del estudiante, la IA mejora la participación y facilita una comprensión más profunda.

El procesamiento del lenguaje natural (PLN) y la tecnología de reconocimiento de voz amplían el alcance de la IA para apoyar los estilos de aprendizaje auditivo y verbal. Los sistemas de tutoría inteligente, preparados con herramientas de marketing conversacional o chatbots, involucran a los principiantes en el habla, formulando preguntas, ofreciendo explicaciones y aclaraciones de forma similar a la de los tutores humanos. Estos sistemas pueden intervenir cuando un estudiante tiene dificultades para comprender una idea y cambiar de modalidad, posiblemente de texto a voz, para adaptarse mejor a sus necesidades.

La IA también destaca en entornos de aprendizaje multimodal, que combinan múltiples estímulos sensoriales para adaptarse a opciones de aprendizaje complejas y en constante evolución. Mediante la información de los sensores, el seguimiento ocular y los registros de interacción, la IA en vídeo impulsa la participación del alumno y ajusta las técnicas académicas para ello. Por ejemplo, si un alumno muestra síntomas de fatiga en algún momento de un vídeo largo, el dispositivo podría introducir un ejercicio interactivo o pasar al texto para mantener la atención. Este modelo fluido ayuda a los principiantes cuyos patrones fluctúan según el contexto, la complejidad del contenido o el estado emocional.

Además, el análisis de aprendizaje basado en IA ofrece a los educadores información sobre la variedad de patrones de aprendizaje en sus aulas. Los paneles e informes resumen las modalidades que mejor se adaptan a estudiantes o empresas específicas, lo que permite a los docentes diseñar clases combinadas que satisfagan diversas necesidades. Esta estrategia basada en datos fomenta la práctica diferenciada sin sobrecargar a los educadores, acortando la distancia entre la individualización y la escalabilidad.

La IA también favorece el desarrollo metacognitivo al ayudar a los recién llegados a familiarizarse con sus propios estilos y estrategias de aprendizaje. Los comentarios personalizados y las actividades reflexivas generadas por la IA animan a los estudiantes a experimentar con distintas modalidades y descubrir qué les funciona mejor. Con el tiempo, los principiantes desarrollan habilidades de autocontrol, adaptando sus procesos para optimizar los resultados en diferentes temas y contextos.

La integración de la IA con tecnologías emergentes como la realidad virtual (RV) y la realidad aumentada (RA) abre nuevas posibilidades para satisfacer diversos estilos de aprendizaje. Los entornos inmersivos pueden simular escenarios reales e internacionales para principiantes kinestésicos, proporcionar contextos visuales enriquecedores e incorporar pistas de audio espacial. Los algoritmos de IA en estos entornos modifican las historias en función de las respuestas del alumno, garantizando la alineación con las opciones y deseos individuales.

Además del contenido educativo, los dispositivos con IA facilitan el aprendizaje socioemocional (SEL) adaptado a diversos patrones de comunicación e interacción. Los sistemas pueden comprender cómo los estudiantes eligen el trabajo en equipo colaborativo, la interacción personal o la narración interactiva, adaptando las dinámicas sociales y las actividades para optimizar la participación y el bienestar emocional.

Sin embargo, el éxito de la implementación de herramientas de IA para diversos patrones de aprendizaje requiere una atención cautelosa a las cuestiones éticas y de accesibilidad. Los algoritmos deben aprender de conjuntos de datos inclusivos para evitar reforzar sesgos que podrían marginar a ciertos grupos de estudiantes. La transparencia en la recopilación y el uso de datos fomenta la confianza entre principiantes y educadores. Es importante destacar que la IA debe empoderar a los educadores humanos, en lugar de reemplazarlos, actuando como una tecnología aumentativa que mejora la toma de decisiones pedagógicas.

Además, los sistemas de IA deben ser flexibles y evitar categorizar rígidamente a los estudiantes de primer año, reconociendo que las personas también pueden mostrar múltiples patrones de aprendizaje o cambiar de opción según el contenido y el contexto. Un énfasis excesivo en patrones fijos corre el riesgo de encasillar a los estudiantes y restringir su exposición a técnicas alternativas que fomenten el desarrollo cognitivo.

Los equipos impulsados por IA ofrecen oportunidades extraordinarias para guiar y enriquecer la diversidad de estilos de aprendizaje en entornos académicos. Al adaptar constantemente el contenido, ofrecer informes multimodales y potenciar el enfoque metacognitivo, la IA transforma el aprendizaje en una experiencia personalizada, atractiva y eficaz. Al combinarse con una guía humana reflexiva y una implementación ética, estas tecnologías cumplen la promesa de desarrollar el potencial de cada estudiante y promover un panorama educativo más inclusivo y dinámico.

CAPÍTULO 6

La IA y la revolución en la educación

6.1. Tendencias futuras en la educación

La educación ha sido un tema en constante evolución, con constantes cambios de proceso a lo largo de la historia. Con el avance de la tecnología, estos cambios se han vuelto más rápidos y profundos. La inteligencia artificial (IA) es uno de los impulsores más importantes de esta evolución, con la capacidad de revolucionar los sistemas educativos. En el futuro, las tendencias educativas no solo transformarán los informes de los estudiantes, sino que también harán que los procesos de aprendizaje sean más eficientes e interactivos.

El papel de la IA en la formación va mucho más allá de la digitalización de materiales didácticos y la oferta de contenido personalizado a los estudiantes universitarios. La IA determinará el rumbo de las tendencias educativas, transformará los métodos de enseñanza y transformará profundamente el funcionamiento de las instituciones académicas.

Una de las tendencias más importantes en la formación es la transición hacia experiencias de aprendizaje personalizadas que satisfagan las necesidades individuales de los estudiantes universitarios. Cada estudiante aprende de forma diferente, con distintos ritmos, estilos y necesidades. La IA puede abordar estas diferencias proporcionando a cada alumno el contenido, los materiales y los métodos de formación más adecuados.

La IA analizará el rendimiento académico previo de los estudiantes, sus estilos de estudio, fortalezas y debilidades para crear planes de aprendizaje personalizados. En el futuro, las estructuras impulsadas por IA monitorizarán continuamente el progreso de los estudiantes universitarios, sugiriéndoles las rutas de aprendizaje más adecuadas. Esta técnica personalizada permite a los estudiantes aprender a su propio ritmo, lo que puede mejorar drásticamente el rendimiento académico general.

El futuro de la IA en la educación también puede basarse en el dominio de la analítica. La analítica del aprendizaje implica recopilar y analizar datos de los estudiantes para obtener información significativa sobre sus procesos de aprendizaje. La IA trabajará con grandes volúmenes de datos, lo que permitirá evaluar el rendimiento académico con una precisión sin precedentes. Los docentes y las instituciones educativas podrán comprender mejor las experiencias de aprendizaje de los estudiantes, lo que permitirá intervenciones más específicas.

La IA rastreará continuamente las estadísticas de participación de los alumnos, analizará los efectos, las interacciones y otras métricas de rendimiento. Con esta información, los docentes pueden identificar las áreas donde los estudiantes tienen dificultades y ofrecer orientación en consecuencia. Además, las estructuras de IA pueden anticipar fallos de capacidad y enviar alertas tempranas a los docentes, permitiéndoles intervenir en el momento oportuno. A medida que el análisis del aprendizaje se adapta, se espera que las estrategias educativas se vuelvan aún más personalizadas y eficaces.

Otra tendencia importante en el futuro de la educación es la adopción generalizada de modelos de aprendizaje híbridos. El aprendizaje híbrido combina la formación presencial tradicional con el aprendizaje en línea. La IA desempeñará un papel fundamental en el éxito de estos sistemas. Puede proporcionar aprendizaje interactivo de materiales a los estudiantes en entornos en línea, a la vez que mejora las interacciones presenciales entre profesores y estudiantes.

Los sistemas híbridos de aprendizaje basados en IA permitirán a los estudiantes universitarios interactuar simultáneamente en aulas físicas y plataformas en línea, ofreciendo mayor flexibilidad e informes de aprendizaje personalizados. Los estudiantes podrán estudiar a su propio ritmo, mientras que los profesores podrán ajustar su progreso con mayor precisión. Esta versión empoderará tanto a estudiantes como a educadores, haciendo que la educación sea más dinámica y adaptable.

En el futuro, la función del profesorado podría cambiar. Si bien la IA puede facilitar y optimizar la enseñanza, no reemplazará por completo a los instructores. La IA ayudará a los instructores a guiar, asesorar y ofrecer inteligencia emocional, componentes vitales de la enseñanza. La IA podría mejorar la eficiencia de la gestión del aula, pero la conexión humana entre profesores y estudiantes seguirá siendo esencial.

Los sistemas académicos impulsados por IA brindarán a los docentes mayor libertad y versatilidad, permitiéndoles adoptar métodos de enseñanza más innovadores y centrados en el alumno. Los docentes podrán tomar decisiones más informadas basándose en la información proporcionada por las estructuras de IA, centrándose en las fortalezas y áreas de atención de los estudiantes.

Una de las tendencias vitales para el futuro es el aumento de la accesibilidad en la educación. La IA tiene la capacidad de reducir las desigualdades académicas. Las soluciones impulsadas por IA pueden mejorar considerablemente el acceso a la educación para estudiantes en zonas en desarrollo y para personas con discapacidad. Las herramientas basadas en IA pueden atender las necesidades específicas de los estudiantes e integrarlos en entornos de aprendizaje más inclusivos.

La IA puede crear materiales de aprendizaje personalizados para estudiantes universitarios con discapacidades, como personas con discapacidad visual o auditiva, o con dificultades para aprender. Esto crea un sistema de educación más inclusivo, que permite a todos los estudiantes estudiar a su propio ritmo y de una manera que se adapte a sus necesidades. La IA puede reducir la brecha en las oportunidades educativas y ofrecer una experiencia de aprendizaje más justa para estudiantes de todos los orígenes.

El desarrollo de la generación está haciendo que la formación sea más accesible a escala internacional. La IA desempeñará un papel crucial en el aumento del acceso global a la educación. Con sistemas de aprendizaje en línea y herramientas basadas en IA, estudiantes de todo el mundo pueden acceder a recursos educativos. La IA puede superar las barreras lingüísticas, ofrecer materiales de aprendizaje en las lenguas maternas de los estudiantes y personalizar el contenido para enriquecer la experiencia de aprendizaje.

Estas características ofrecerán oportunidades académicas, especialmente para estudiantes en zonas remotas y países en desarrollo, abordando así las disparidades educativas globales. La IA no solo proporcionará materiales de aprendizaje, sino también herramientas para que la educación sea más interactiva y accesible, permitiendo a los estudiantes obtener una educación de mayor calidad independientemente de su ubicación.

Una de las características más importantes podría ser la aparición de modelos educativos completamente nuevos. La IA permitirá el desarrollo de métodos de aprendizaje innovadores que harán que el proceso de aprendizaje sea más eficiente, interactivo y personalizado. Estos nuevos modelos irán más allá del contenido educativo y transformarán los roles de estudiantes, docentes e instituciones educativas.

La IA puede proporcionar a los estudiantes universitarios comentarios continuos, controlar su velocidad de aprendizaje y ofrecer orientación personalizada. Los sistemas educativos que incorporan estos nuevos modelos pueden ser más eficaces, permitiendo a los estudiantes aprender mejor y con mayor rapidez. Los docentes incluso pueden beneficiarse de información más precisa sobre las necesidades y habilidades de los estudiantes para mejorar los resultados educativos generales.

6.2. El nuevo modelo educativo: IA e instituciones educativas

El auge de la inteligencia artificial (IA) no solo está transformando la forma en que los estudiantes investigan, sino que también está transformando las estructuras fundamentales de las instituciones educativas. En el futuro, las instituciones académicas podrían estar profundamente interconectadas con la tecnología de IA, lo que conducirá a una reestructuración completa de los modelos académicos tradicionales. La IA introducirá nuevas metodologías, herramientas y tácticas, redefiniendo la forma en que se añade, se accede y se experimenta la educación.

Uno de los principales cambios que la IA traerá a los centros educativos es la introducción de sistemas de gestión basados en IA. Estas estructuras agilizarán las tareas administrativas, mejorarán la eficiencia operativa y optimizarán la asignación de ayudas. La IA puede automatizar numerosas funciones administrativas, como la calificación, la programación, la asistencia y el seguimiento de evaluaciones, lo que permite a los educadores y administradores centrarse en tareas más significativas, como la participación estudiantil y el desarrollo curricular.

Estos sistemas de control de IA pueden incluso ofrecer valiosos análisis estadísticos, ayudando a escuelas y universidades a tomar decisiones basadas en datos. Por ejemplo, la IA puede analizar las estadísticas de rendimiento y participación estudiantil para comprender tendencias, pronosticar resultados futuros y recomendar intervenciones para mejorar el rendimiento académico. Esta capacidad predictiva permitirá a las instituciones académicas abordar proactivamente los problemas antes de que se agraven, garantizando que los estudiantes reciban el apoyo necesario para alcanzar el éxito.

La IA puede incluso ayudar a las instituciones educativas a acercarse a itinerarios de aprendizaje personalizados, donde se tengan en cuenta las necesidades, aficiones y estilos de aprendizaje individuales de cada estudiante. Con la IA, las instituciones pueden crear programas académicos personalizados para estudiantes universitarios, garantizando que aprendan a su propio ritmo y de una manera que se adapte a sus necesidades. La IA permitirá a los educadores ofrecer una instrucción más enfocada, asegurando que ningún estudiante se quede atrás.

La IA puede examinar las estadísticas de los estudiantes, incluyendo su rendimiento académico previo, las posibilidades de aprendizaje y las zonas de conflicto, para crear planes de aprendizaje personalizados. Estos planes se adaptan en tiempo real al progreso del estudiante, ofreciendo recursos adicionales o ajustando el nivel de dificultad de los materiales según sea necesario. Este método personalizado no solo mejora la participación del alumnado, sino que también garantiza que alcancen su máximo potencial al brindarles la ayuda adecuada en el momento oportuno.

Además de transformar las funciones administrativas, la IA revolucionará los métodos de enseñanza. La IA ayudará a los docentes ofreciéndoles una amplia gama de herramientas de capacitación que fomentan la participación de los estudiantes y mejoran los resultados del aprendizaje. Las herramientas impulsadas por IA, como sistemas de tutoría inteligentes, aulas virtuales y sistemas de aprendizaje interactivo, contribuirán a crear un entorno de aprendizaje más atractivo, dinámico y receptivo.

Por ejemplo, las estructuras de tutoría impulsadas por IA pueden proporcionar a los estudiantes comentarios y argumentos inmediatos, lo que les permite trabajar a su propio ritmo y obtener un interés individualizado fuera del horario escolar tradicional. Estos sistemas pueden simular interacciones similares a las humanas, proporcionando a los estudiantes explicaciones, ejemplos y orientación según sus necesidades. Al integrar la IA en la enseñanza en el aula, los educadores pueden usar información estadística para adaptar su formación a las necesidades específicas de aprendizaje de los estudiantes.

La configuración tradicional del aula también se adaptará a la era de la IA. Las instituciones educativas adoptarán cada vez más sistemas de aprendizaje inteligentes y aulas virtuales que ofrecen aprendizajes más flexibles e interactivos. Estas plataformas pueden integrar tecnología de IA, como el procesamiento del lenguaje natural, el aprendizaje automático y algoritmos de aprendizaje adaptativo, para crear planes de estudio personalizados para cada estudiante.

Las aulas digitales permitirán a los estudiantes interactuar con el contenido mediante diversos formatos multimedia, como vídeo, simulaciones y realidad virtual (RV). Estas tecnologías, con el apoyo de la IA, ofrecerán experiencias de aprendizaje inmersivas que superan las limitaciones de los libros de texto tradicionales y la formación estática. Los estudiantes tendrán acceso a una gama mucho más amplia de recursos y materiales de aprendizaje, y podrán participar en un aprendizaje más práctico y experiencial.

La IA también facilitará la colaboración en tiempo real en aulas virtuales, permitiendo que los estudiantes trabajen juntos a través de barreras geográficas. Las herramientas de IA pueden optimizar las interacciones de los estudiantes, analizar la dinámica de la institución y recomendar actividades colaborativas basadas en las fortalezas y debilidades de los estudiantes, fomentando un entorno de aprendizaje más interactivo y atractivo.

Los centros educativos de todo el mundo se beneficiarán del potencial de la IA para superar las brechas geográficas y culturales. La IA facilitará la colaboración global, brindando a los estudiantes acceso a una amplia gama de materiales y recursos de aprendizaje de distintas partes del sector. Las instituciones pueden utilizar equipos impulsados por IA para superar las barreras lingüísticas, traducir materiales y garantizar que los estudiantes tengan acceso a contenido educativo en sus idiomas locales.

La capacidad de la IA para ofrecer experiencias de estudio personalizadas podría ser especialmente útil para estudiantes en regiones desatendidas o personas con acceso limitado a recursos educativos convencionales. Al facilitar el acceso al contenido académico, la IA ayudará a reducir las desigualdades educativas, brindando a todos los estudiantes las mismas oportunidades de aprendizaje y desarrollo.

Además, la IA puede facilitar las colaboraciones internacionales entre instituciones académicas, fomentando el intercambio de información, estudios y recursos. Esta red mundial de estructuras educativas más adaptadas a la IA fomentará el entendimiento y la colaboración intercultural, preparando a los estudiantes para el mundo interconectado en el que trabajarán.

A medida que la IA se convierte en una parte esencial de las instituciones académicas, existen importantes cuestiones éticas que deben abordarse. Una de las principales es la privacidad y la seguridad de la información de los alumnos. Los sistemas de IA dependen en gran medida de los registros para personalizar los informes de aprendizaje y optimizar el rendimiento de los alumnos. Las instituciones educativas deberán garantizar que la información de los estudiantes se guarde de forma segura y que se respete su privacidad.

Otro problema clave es la capacidad de la IA para exacerbar las desigualdades existentes en la educación. Si bien la IA tiene la capacidad de hacer que la educación sea más inclusiva, también puede profundizar la brecha digital si no se implementa de forma equitativa. Las instituciones educativas deben garantizar que todos los estudiantes tengan acceso a la tecnología y los recursos necesarios para beneficiarse del aprendizaje mejorado mediante IA.

Además, a medida que la IA asume un mayor papel en la toma de decisiones educativas, podría darse el caso de que actualice a los instructores humanos o reduzca el toque personalizado en la educación. Las instituciones educativas deberán lograr un equilibrio entre el uso de la IA para mejorar los resultados del aprendizaje y el mantenimiento del factor humano, crucial para la educación. El profesorado seguirá desempeñando un papel fundamental en el fomento de la creatividad, el pensamiento crítico y la inteligencia emocional en los estudiantes, áreas en las que la IA no puede reemplazar por completo la intervención humana.

De cara al futuro, los centros educativos podrían transformarse mediante IA, dando lugar a un entorno de aprendizaje más dinámico, personalizado y accesible. A medida que la IA se adapta, las estructuras educativas deberán evolucionar para garantizar que los estudiantes reciban la mejor educación posible, a la vez que abordan cuestiones éticas y garantizan un acceso equitativo a la tecnología.

La IA permitirá a las instituciones académicas ofrecer experiencias de aprendizaje más personalizadas, flexibles y ecológicas a los estudiantes, lo que a largo plazo se traducirá en mejores resultados académicos. El futuro de la educación será uno en el que la tecnología y el conocimiento humano se unan para crear un entorno de aprendizaje más inclusivo, eficaz y progresista para todos los estudiantes universitarios.

A medida que la IA continúa transformando la educación, el futuro de las instituciones educativas se presenta prometedor, ofreciendo nuevas posibilidades tanto para estudiantes como para educadores. La integración de la IA promoverá un sistema educativo más adaptativo y ecológico, allanando el camino para un futuro donde el aprendizaje se adapte a las necesidades y capacidades únicas de cada alumno, y las instituciones académicas se mantengan a la vanguardia de la innovación.

6.3. Análisis del aprendizaje e inteligencia artificial

La analítica del aprendizaje, combinada con la inteligencia artificial (IA), representa un cambio innovador en el ámbito educativo, al incorporar perspectivas basadas en datos a la vanguardia de los métodos de formación y aprendizaje. Esta intersección entre la IA y la analítica del aprendizaje no es solo una tendencia, sino una transformación esencial para moldear el futuro de las estructuras educativas, haciéndolas más personalizadas, eficientes y conscientes de las necesidades de aprendizaje de las personas. Gracias al poder de la IA, la analítica del aprendizaje puede liberar nuevas capacidades para comprender la conducta estudiantil, mejorar los resultados académicos y optimizar los métodos de formación.

El análisis del aprendizaje se refiere a la recopilación, el tamaño y la evaluación de estadísticas sobre los principiantes y sus contextos para mejorar el aprendizaje y la formación. Estas estadísticas pueden provenir de diversas fuentes, como las evaluaciones de los alumnos, la participación en plataformas digitales, la interacción con recursos de aprendizaje e incluso las redes sociales o las herramientas de comunicación utilizadas en el aula. Al recopilar y analizar sistemáticamente esta información, los educadores pueden obtener una comprensión más profunda del desarrollo del alumnado, identificar patrones de aprendizaje y tomar decisiones informadas para mejorar la experiencia de aprendizaje.

Tradicionalmente, el desarrollo de la analítica se ha centrado en la evaluación retrospectiva, en la que se utiliza información de actividades pasadas para evaluar el rendimiento general del alumnado. Sin embargo, con la incorporación de tecnologías de IA, la analítica del aprendizaje ahora puede funcionar en tiempo real, proporcionando información actualizada que ayuda a educadores e instituciones a adaptarse rápidamente a los nuevos desafíos.

La función de la IA en el dominio del análisis consiste en procesar y examinar volúmenes masivos de registros a una velocidad y escala imposibles de alcanzar para los humanos. Los algoritmos de IA, en particular los de aprendizaje sistémico y aprendizaje profundo, pueden detectar patrones complejos en las estadísticas que los educadores humanos podrían pasar por alto. Al aprovechar estos patrones, la IA podría realizar predicciones sobre el rendimiento académico, la participación y los riesgos de las habilidades, considerando la intervención temprana y el apoyo personalizado.

Las herramientas de análisis de aprendizaje basadas en IA pueden mostrar continuamente el progreso del estudiante, presentando comentarios sobre las áreas en las que tendrá dificultades o destacará. Estas herramientas pueden anticipar el conocimiento de los resultados, así como la probabilidad de éxito en un curso, y ofrecer recomendaciones de intervenciones que podrían mejorar el rendimiento general del estudiante. Esta funcionalidad predictiva no solo ayuda a los estudiantes, sino que también proporciona información valiosa para que los docentes refinen sus estrategias de enseñanza.

La IA también puede ayudar a identificar elementos ocultos que influyen en los resultados del aprendizaje, como estados emocionales, niveles de motivación e interacciones sociales, que pueden ser difíciles de medir mediante estrategias de evaluación tradicionales. Al analizar los registros de comportamiento, la IA puede proporcionar un conocimiento más completo del proceso de aprendizaje, permitiendo a los educadores atender las diversas necesidades de sus estudiantes.

Uno de los aspectos más potentes de la IA y el aprendizaje mediante analítica es la capacidad de ofrecer información en tiempo real sobre el aprendizaje de los alumnos. Esto permite una experiencia de aprendizaje personalizada, donde la formación y los recursos se adaptan a las necesidades individuales de cada alumno. Con la IA, la analítica de aprendizaje permite monitorizar el progreso del alumno en múltiples dimensiones, como la comprensión, la participación y la implicación, ajustando el proceso de aprendizaje basándose en datos en tiempo real.

Por ejemplo, la IA puede detectar si un alumno tiene dificultades con un concepto específico y proponer automáticamente recursos adicionales, actividades deportivas o razones alternativas. De igual manera, si un alumno destaca, el sistema puede ofrecerle materiales de mayor calidad para que también lo proyecte. Al proporcionar contenido adaptado al nivel de experiencia del alumno, la IA permite un aprendizaje adaptativo del entorno que maximiza las capacidades de cada estudiante.

Además, el análisis en tiempo real permite una retroalimentación inmediata, garantizando que los estudiantes no se queden esperando los resultados de la evaluación. Este oportuno ciclo de comentarios no solo les permite seguir el buen camino, sino que también fomenta una experiencia de aprendizaje más atractiva y motivadora.

Una de las mayores ventajas del análisis de aprendizaje impulsado por IA es la capacidad de predecir el rendimiento y los resultados de los estudiantes. Al analizar estadísticas históricas y patrones de conducta, la IA puede predecir los desafíos de capacidad que un estudiante podría enfrentar y recomendar intervenciones tempranas para prevenir el fracaso. Por ejemplo, la IA puede identificar a los estudiantes con mayor probabilidad de abandonar o reprobar un curso basándose en factores como los niveles de participación, el porcentaje de finalización de tareas y el rendimiento en los exámenes.

Los educadores y administradores pueden usar estas predicciones para implementar intervenciones específicas, como tutoría adicional, mentoría o modificaciones en las técnicas académicas. La intervención temprana permite una orientación oportuna, lo que garantiza que los estudiantes no se queden atrás y aumenta las posibilidades de obtener resultados exitosos. Este enfoque proactivo de apoyo estudiantil puede reducir significativamente las tasas de deserción escolar y mejorar el rendimiento académico general.

Además, el análisis predictivo puede utilizarse para identificar desarrollos y estilos más amplios dentro de los sistemas educativos. Por ejemplo, la IA puede analizar datos de rendimiento en diversos grupos y grupos demográficos para detectar problemas institucionales, como brechas en el rendimiento académico o disparidades en los resultados entre organizaciones estudiantiles excepcionales. Estos conocimientos pueden orientar las reformas institucionales, garantizando que todos los estudiantes tengan la oportunidad de prosperar.

El aprendizaje de análisis basado en IA no solo beneficia a los estudiantes universitarios, sino que también proporciona información valiosa a los educadores. Los docentes pueden usar las estadísticas para reflexionar sobre sus técnicas de enseñanza, identificar las áreas en las que los estudiantes tienen dificultades y, en consecuencia, modificar sus estrategias educativas. Por ejemplo, si un gran número de estudiantes tiene dificultades para comprender un concepto específico, un docente puede usar las estadísticas para identificar la causa raíz y ajustar el plan de clase o la estrategia de capacitación.

La IA también puede proporcionar a los docentes una comprensión más profunda de los estudiantes universitarios, destacando sus fortalezas, debilidades y opciones de aprendizaje. Esta información permite a los educadores ofrecer una educación más personalizada y asignar los recursos de forma más eficaz, garantizando que cada estudiante reciba el apoyo que necesita para alcanzar el éxito.

Además, el estudio de la analítica puede ayudar a los docentes a evaluar su propio desempeño y desarrollo profesional. Al analizar los comentarios y evaluaciones de los estudiantes, la IA puede identificar áreas en las que un docente podría necesitar formación o apoyo adicional. Este ciclo continuo de comentarios fomenta una subcultura del desarrollo, lo que ayuda a los educadores a ser más eficaces en sus funciones.

Más allá de los estudiantes universitarios y docentes individuales, el análisis de aprendizaje basado en IA también ofrece a las instituciones educativas información valiosa sobre el rendimiento básico y la eficacia institucional. Los líderes educativos pueden usar la información para evaluar el éxito de diversas solicitudes, cursos y estrategias de coaching, tomando decisiones informadas sobre la asignación de recursos y la manera de mejorar las políticas institucionales.

Por ejemplo, el dominio de la analítica permite identificar qué guías o departamentos tienen un rendimiento inferior, lo que permite mejoras específicas en el diseño curricular o en la capacitación. De igual manera, las instituciones pueden usar la analítica para revelar la efectividad de nuevas tecnologías, intervenciones o técnicas académicas, asegurándose de que sus inversiones estén dando los resultados deseados.

La IA también puede ayudar a las instituciones a evaluar la eficacia de sus métodos de admisión, servicios de apoyo estudiantil o incluso directrices sobre recursos económicos. Al revisar los registros, las instituciones pueden perfeccionar sus estrategias para satisfacer mejor las necesidades de su alumnado, mejorando así la experiencia educativa general.

Si bien la capacidad de la IA y el conocimiento analítico son considerables, es importante abordar las implicaciones morales del uso de estas tecnologías. La recopilación y evaluación de datos estudiantiles plantea inquietudes sobre la privacidad, la seguridad de los registros y el consentimiento. Las instituciones educativas deben garantizar que la información se recopile y almacene de forma segura, cumpliendo con las leyes de privacidad y las recomendaciones éticas para proteger la información privada de los estudiantes.

Además, existe la posibilidad de que la toma de decisiones basada en datos perpetúe sesgos o desigualdades. Si los algoritmos de IA se entrenan con registros sesgados, podrían acentuar las disparidades existentes en la formación, lo que daría lugar a un trato injusto para ciertos grupos de estudiantes. Es fundamental que las instituciones tomen medidas para garantizar que los sistemas de análisis del aprendizaje sean transparentes, responsables y estén libres de sesgos.

El análisis basado en IA también debe utilizarse de forma responsable, garantizando que el enfoque principal sea mejorar el aprendizaje de los resultados y promover la satisfacción del alumnado, en lugar de explotar la información con fines comerciales o de vigilancia. Consideraciones éticas deben guiar el desarrollo y la implementación del análisis de aprendizaje basado en IA, garantizando que los beneficios de esta tecnología se descubran sin comprometer los derechos de los estudiantes.

La combinación de IA y analítica del aprendizaje está transformando el panorama educativo al proporcionar información personalizada y basada en datos que mejora tanto la formación como el aprendizaje. Al proporcionar retroalimentación en tiempo real, predecir los efectos en los alumnos y permitir intervenciones específicas, la IA permite a educadores e instituciones crear entornos de aprendizaje más adaptativos, ecológicos y eficaces. Sin embargo, como con cualquier tecnología, la integración de la IA en la educación requiere una cuidadosa atención a las cuestiones éticas, los problemas de privacidad y la posibilidad de sesgo. Con una implementación responsable, la analítica del aprendizaje basada en IA puede desempeñar un papel fundamental en la configuración del futuro de la educación, haciéndola más personalizada, inclusiva y atractiva para todos los principiantes.

6.4. Tecnologías emergentes que configuran la transformación educativa

El panorama educativo está experimentando una profunda transformación impulsada por la rápida evolución de las tecnologías emergentes. Estas innovaciones no solo mejoran las técnicas tradicionales de enseñanza y aprendizaje, sino que también redefinen la naturaleza misma de la educación: cómo se adquiere, se comparte y se implementa el conocimiento. Si bien la Inteligencia Artificial (IA) sigue siendo una piedra angular de esta revolución, una constelación de tecnologías complementarias converge para crear experiencias educativas dinámicas, inmersivas y altamente personalizadas. Juntas, estas tecnologías emergentes están configurando el futuro del aprendizaje al ampliar el acceso, fomentar la participación y dotar a los estudiantes de las habilidades necesarias para un mundo en constante cambio.

Una de las tendencias tecnológicas más impactantes que está transformando la formación es la Realidad Extendida

(RX), un término general que abarca la Realidad Virtual (RV), la Realidad Aumentada (RA) y la Realidad Mixta (RM). Las tecnologías de RX proporcionan entornos inmersivos donde los usuarios sin experiencia pueden interactuar con mundos simulados o superponer información digital al entorno físico. En la RV, los estudiantes pueden realizar viajes virtuales a sitios web antiguos, explorar la anatomía del cuerpo humano en 3D o participar en experimentos tecnológicos realistas que de otro modo serían imposibles debido a limitaciones de coste o seguridad. La RA, por otro lado, enriquece entornos internacionales reales con información contextual, como modelos interactivos proyectados en libros de texto o traducción de idiomas en tiempo real durante las conversaciones. La Realidad Mixta integra ambas, permitiendo una interacción fluida entre objetos físicos y digitales.

Las ventajas pedagógicas de la XR residen en su potencial para ofrecer un aprendizaje experiencial que se adapta a diversos patrones de aprendizaje, promueve la participación activa y fomenta la experiencia espacial y kinestésica. A medida que el hardware se vuelve más económico y el software más avanzado, la XR está lista para convertirse en una herramienta educativa general, ampliando las posibilidades de aprendizaje práctico más allá de las aulas tradicionales.

La inteligencia artificial y el aprendizaje automático se adaptan rápidamente, ofreciendo la base para sistemas de aprendizaje adaptativos que adaptan el contenido, el ritmo y la evaluación a las necesidades individuales de los principiantes. Más allá de la personalización, la IA permite el análisis del aprendizaje que ofrece a los educadores información sobre el rendimiento de los estudiantes, sus estilos de participación y las deficiencias en el aprendizaje. Estos análisis guían las intervenciones basadas en datos y los cambios curriculares, promoviendo una enseñanza más eficaz y receptiva. Además, los avances en el procesamiento del lenguaje natural (PLN) facilitan sistemas de tutoría inteligentes y profesionales del marketing conversacional que interactúan con los estudiantes en lenguaje natural, respondiendo preguntas, ofreciendo argumentos y promoviendo preguntas esenciales.

Otra era emergente con capacidad transformadora es la tecnología blockchain, conocida por su papel en las transacciones económicas estables. En el ámbito educativo, la tecnología blockchain puede revolucionar la acreditación y la conservación de registros mediante la creación de diplomas y transcripciones digitales inmutables y verificables. Esto complementa la portabilidad y la fiabilidad de las estadísticas académicas, facilitando el aprendizaje permanente y la movilidad profesional. Además, la tecnología blockchain facilita las estructuras de aprendizaje descentralizadas, donde los estudiantes tienen un mayor control sobre sus datos y trayectorias educativas, lo que dificulta el acceso a instituciones centralizadas convencionales.

El Internet de las Cosas (IoT) también está transformando los entornos educativos mediante la conexión de objetos físicos —como pizarras inteligentes, dispositivos portátiles y sensores ambientales— a redes digitales. El IoT permite el seguimiento en tiempo real de las condiciones del aula, la participación del alumnado mediante retroalimentación biométrica y la integración fluida de herramientas de aprendizaje físicas y digitales. Por ejemplo, los wearables pueden ajustar el interés o los niveles de estrés, lo que permite intervenciones oportunas o una guía personalizada. Las infraestructuras del IoT contribuyen al desarrollo de aulas inteligentes adaptativas, ecológicas y orientadas al alumno.

El 5G y la tecnología de conectividad superior sustentan muchas de estas innovaciones, ofreciendo redes de alta velocidad y baja latencia esenciales para aplicaciones con un uso intensivo de datos, como la transmisión de contenido de realidad virtual (RV) o la asistencia a cálculos de IA a gran escala. La conectividad mejorada también promueve modelos de aprendizaje remotos e híbridos, superando las barreras geográficas y ampliando el acceso educativo a zonas desatendidas.

La computación en la nube facilita el almacenamiento y procesamiento escalable y rentable de estadísticas y aplicaciones educativas. Los sistemas en la nube permiten herramientas colaborativas, laboratorios virtuales y aulas internacionales donde estudiantes de primer año y docentes de diversos orígenes interactúan fluidamente. La democratización del acceso a potentes recursos computacionales a través de la nube impulsa la innovación y la inclusión.

Además, la robótica y la IA corporal están empezando a encontrar su lugar en la formación. Los robots sociales pueden funcionar como tutores, asistentes de aula o acompañantes, especialmente en la educación infantil temprana o en contextos educativos especiales. Estos robots pueden conectar con los estudiantes de primer año mediante diálogos interactivos, actividades físicas y apoyo emocional, contribuyendo a un aprendizaje personalizado y socialmente enriquecedor.

Finalmente, la integración de datos masivos y análisis predictivo permite a las instituciones educativas anticipar cambios, como el riesgo de deserción escolar, la demanda de rutas y la alineación del personal. Al analizar conjuntos de datos de calidad, las universidades pueden optimizar la asignación de recursos, el diseño curricular y las políticas educativas para servir mejor a sus comunidades.

A pesar de la promesa de estas tecnologías emergentes, persisten los desafíos. Es necesario abordar cuestiones como la equidad virtual, la privacidad, el uso ético de la información y la necesidad de formación docente para garantizar que la transformación tecnológica se traduzca en resultados educativos significativos. Además, los equipos tecnológicos deben diseñarse priorizando la inclusión y la sensibilidad cultural, evitando así la reproducción de los sesgos u obstáculos actuales.

Las tecnologías emergentes, desde la realidad aumentada (XR) y la inteligencia artificial (IA) hasta blockchain, el Internet de las Cosas (IoT) y la robótica, están transformando profundamente el panorama educativo. Amplían los límites de dónde, cómo y qué estudian los estudiantes, fomentando entornos inmersivos, personalizados, colaborativos y accesibles. Al integrar cuidadosamente estas mejoras con prácticas pedagógicas de alta calidad y marcos éticos, educadores y legisladores pueden aprovechar su capacidad transformadora para construir un futuro educativo que empodere a cada estudiante para prosperar en un mundo cada vez más complejo.

CAPÍTULO 7

La IA en la educación y sus impactos económicos

7.1 Implicaciones económicas de la IA en la educación

La inteligencia artificial desempeña un papel fundamental en la mejora de la eficiencia en el ámbito educativo. El aumento de la eficiencia se evidencia en la capacidad tanto de profesores como de estudiantes para optimizar el uso del tiempo y los recursos, lo que se traduce en una reducción de costes en las estructuras académicas. Las tecnologías de IA proporcionan sistemas informáticos que reducen la carga de trabajo de los profesores. Por ejemplo, la IA puede realizar tareas que consumen tiempo, como las evaluaciones e informes de los estudiantes, de forma rápida y eficaz. Esto permite a los profesores disponer de más tiempo para prestar atención a los estudiantes de forma inmediata.

Además, las estructuras de IA que optimizan y analizan el rendimiento general de los alumnos podrían hacer que el proceso de aprendizaje sea más eficiente en todos los niveles. Identificar las debilidades de los estudiantes y desarrollar planes de estudio personalizados permite un contenido académico a medida, lo que aumenta el rendimiento académico. Recibir retroalimentación más rápidamente complementa las experiencias de aprendizaje de los estudiantes, lo que se traduce en mejores resultados académicos.

Los sistemas impulsados por IA reducen drásticamente la necesidad de recursos humanos, lo que podría disminuir los gastos de los centros educativos. Por ejemplo, la participación de los estudiantes universitarios en publicaciones en línea impulsadas por IA puede minimizar la necesidad de aumentar el número de docentes. La IA, con sus análisis de datos masivos y sistemas de gestión del aprendizaje (LMS), ofrece soluciones escalables para las instituciones educativas a precios más bajos.

Además, los sistemas de aprendizaje automatizado basados en IA permiten a los estudiantes universitarios progresar a su propio ritmo. Esto les permite recibir instrucción individualizada sin que los profesores tengan que dedicar más tiempo a cada estudiante. Como resultado, las instituciones académicas pueden reducir los costos estándar a la vez que ofrecen una educación de calidad a un precio más bajo.

Otra implicación financiera es el ahorro en las tasas que se observa gracias a la adopción masiva de plataformas educativas en línea. La transición a la educación digital, especialmente tras la pandemia, ha reducido la dependencia de las aulas físicas y ha disminuido los costes educativos. Las estructuras basadas en IA ofrecen a los estudiantes la posibilidad de estudiar en cualquier lugar y en cualquier momento, eliminando las barreras geográficas y reduciendo los gastos educativos.

El uso generalizado de la IA en la educación requiere además inversiones sustanciales en infraestructura tecnológica.

Esto significa que las estructuras educativas necesitan un gran respaldo financiero para implementar la IA eficazmente. El desarrollo de la tecnología de IA y la presentación de aplicaciones de aprendizaje personalizadas requieren inversiones tanto en software como en hardware. Los centros educativos deben estabilizar sus recursos financieros y elaborar planes financieros cautelosos para gestionar estas inversiones.

La educación basada en IA ofrece una oportunidad única para superar las disparidades educativas, especialmente en países en desarrollo. Sin embargo, para aprovechar estas oportunidades, se requieren inversiones considerables en tecnología. En los países desarrollados, la inversión en infraestructura basada en tecnología puede reducir las desigualdades educativas, ofreciendo a los estudiantes una gama más amplia de oportunidades académicas y preparándolos para el futuro.

Uno de los efectos económicos más amplios de la IA en la educación es la transformación del mercado laboral. Los avances tecnológicos automatizarán trabajos positivos, a la vez que crearán nuevas oportunidades laborales. El sector educativo no es la excepción. Por ejemplo, podría haber una mayor demanda de especialistas en programación de IA, análisis de datos y aprendizaje automático.

Además, la posición de los docentes evolucionará. Los modelos de enseñanza tradicionales, basados principalmente en clases magistrales, darán paso a técnicas de enseñanza más interactivas y personalizadas. Los docentes analizarán la información proporcionada mediante sistemas de IA para desarrollar estrategias que permitan a los estudiantes estudiar con mayor eficacia. Este cambio transformará los perfiles profesionales de los educadores y generará una demanda de profesionales de la formación con nuevas habilidades.

En conclusión, el impacto financiero de la inteligencia artificial en la educación está generando una profunda transformación tanto en el sector educativo como en la economía en su conjunto. La capacidad de la IA para crear sistemas educativos más eficientes, rentables y accesibles también conlleva nuevas dinámicas económicas y demandas de mano de obra. Adaptarse a estos cambios es vital para el futuro de la educación y la sociedad.

7.2 Enseñanza con apoyo de IA y fuerza laboral

La enseñanza con IA está transformando rápidamente el panorama educativo, y su impacto va mucho más allá de las aulas. Influye en las capacidades que desarrollan los estudiantes y en las funciones que desempeñan los docentes y el personal administrativo. A medida que la IA se integra más en la educación, moldea directamente el equipo de trabajo, transformando la forma en que las personas estudian y trabajan.

Los sistemas educativos impulsados por IA pueden proporcionar evaluaciones personalizadas de aprendizaje que permiten a los estudiantes identificar las habilidades específicas que desean desarrollar. Con sistemas de IA que analizan el comportamiento, los patrones de aprendizaje y el rendimiento de los estudiantes, los educadores pueden comprender mejor las necesidades de cada estudiante y ofrecerles recursos específicos. Este nivel de atención individualizada permite a los estudiantes desarrollar habilidades en áreas especializadas, como la resolución de problemas, el análisis de datos y el pensamiento crítico, habilidades esenciales para el futuro equipo de trabajo.

A su vez, las estructuras educativas basadas en IA garantizan que los estudiantes estén mejor preparados para las exigentes situaciones de un mercado laboral en constante evolución. A medida que las industrias se vuelven más dependientes de la tecnología, la demanda de empleados con una sólida formación en los campos STEM (Ciencia, Tecnología, Ingeniería y Matemáticas), junto con la capacidad de trabajar con tecnologías de IA, seguirá creciendo. La capacidad de la IA para facilitar un aprendizaje personalizado y basado en el talento desempeña un papel clave en el desarrollo de estos futuros profesionales.

Si bien la IA ofrece numerosas ventajas para mejorar el aprendizaje de los estudiantes, también plantea importantes interrogantes sobre la función de los docentes y su relación con la tecnología. En lugar de cambiar a los educadores, la IA está diseñada para ayudarlos, transformando su forma de abordar la enseñanza y las tareas que realizan.

En los modelos académicos convencionales, los docentes suelen ser responsables de impartir clases magistrales, calificar tareas y brindar atención individualizada a los estudiantes. La IA puede automatizar muchas de estas funciones, como la calificación, la programación y las tareas administrativas, lo que libera tiempo a los docentes para que se concentren más en los aspectos humanos de la educación, como la mentoría y el apoyo emocional. Este cambio permite a los educadores aplicar sus conocimientos de nuevas maneras, fomentando interacciones más significativas con los estudiantes y mejorando la eficacia docente.

Sin embargo, la creciente integración de la IA también exige que los docentes desarrollen nuevas habilidades y se adapten a los avances tecnológicos. Los educadores deben adquirir talento en el uso de herramientas de IA, saber cómo integrarlas en sus prácticas docentes e interpretar la información que estas estructuras generan. El futuro de la formación posiblemente incluirá un modelo más colaborativo donde los docentes trabajen en conjunto con los sistemas de IA para enriquecer la experiencia de aprendizaje. Por consiguiente, esta evolución de roles ofrece tanto desafíos como oportunidades para que los educadores redefinan sus identidades profesionales.

El coaching con IA desempeña un papel fundamental en la formación y el desarrollo de habilidades de los equipos. A medida que las industrias se enfrentan a rápidos cambios tecnológicos, los empleados deben actualizar continuamente sus habilidades para ser competitivos. Las estructuras de IA se utilizan cada vez más para facilitar el aprendizaje continuo, brindando a las personas acceso a aplicaciones de formación personalizadas, adaptadas a sus necesidades y aspiraciones profesionales.

Por ejemplo, las plataformas basadas en IA pueden analizar las habilidades más avanzadas de un empleado y proponer itinerarios de aprendizaje a medida para ayudarle a desarrollar nuevos talentos o impulsar su carrera profesional. Estas estructuras también pueden adaptar los programas de formación en función del desarrollo del alumno, garantizando que se enfrente a los retos adecuados y contribuya a alcanzar sus objetivos. Este enfoque personalizado y flexible de la formación garantiza que los empleados estén preparados para desenvolverse en el cambiante mercado laboral, ya sea adoptando nuevas tecnologías, mejorando sus habilidades de liderazgo o adquiriendo experiencia en estrategias complejas de resolución de problemas.

La IA también ayuda a las agencias en la mejora del personal al proporcionar información basada en datos sobre el rendimiento general de los trabajadores. Al monitorear el desarrollo e identificar las brechas tecnológicas, la IA permite a las agencias tomar decisiones informadas sobre la inversión en educación, garantizando que los recursos se asignen eficazmente para impulsar el crecimiento tanto individual como organizacional.

A pesar de los diversos beneficios que ofrece la IA para transformar la educación y el personal, también plantea diversas situaciones desafiantes. Un problema clave es la capacidad de desplazamiento de puestos de trabajo, en particular los relacionados con tareas repetitivas que pueden automatizarse mediante IA. Por ejemplo, las obligaciones administrativas en entornos educativos, como la programación y la calificación, pueden automatizarse por completo, lo que reduce la demanda de ciertos puestos de apoyo.

Además del desplazamiento de procesos, existen preocupaciones sobre la privacidad y seguridad de la información en entornos académicos con IA. Las estructuras de IA recopilan cantidades considerables de datos sobre el aprendizaje de patrones y el rendimiento general de los estudiantes universitarios, lo que plantea interrogantes sobre cómo se gestionan estos datos y quién tiene acceso a ellos. Las instituciones educativas, el profesorado y el alumnado deben ser conscientes de estos riesgos y tomar medidas para garantizar que la información privada esté protegida del acceso no autorizado.

Otra tarea reside en la capacidad de ampliar la brecha de habilidades. A medida que la tecnología de IA se vuelva más avanzada, habrá una mayor demanda de empleados con conocimientos especializados en campos como el desarrollo de IA, la ciencia de datos y el aprendizaje automático. Sin embargo, la oferta educativa en estas regiones podría no ser equitativa para todos. Esto puede generar disparidades dentro del personal, ya que algunos trabajadores ganan terreno competitivo mientras que otros se quedan atrás. Para afrontar esta misión, los sistemas educativos y los empleadores deben priorizar el acceso equitativo a la educación y los recursos relacionados con la IA para garantizar que todos tengan la oportunidad de prosperar en un mercado laboral en constante cambio.

La enseñanza con apoyo de IA está transformando tanto la educación como el mundo laboral al permitir informes de aprendizaje personalizados y mejorar la eficiencia de la formación. Si bien ofrece grandes beneficios en cuanto a la preparación de los estudiantes para el futuro mercado laboral, también plantea desafíos, en particular en cuanto al desplazamiento laboral, la seguridad de la información y el acceso a la educación especializada. El futuro de la educación y el trabajo dependerá de la adaptación de la sociedad a estos cambios, integrando la IA en la formación y garantizando que los empleados se mantengan ágiles, profesionales y preparados para las exigencias de la economía digital.

7.3 Inversión en educación e infraestructura tecnológica

A medida que aumenta la demanda de integración de la IA en la educación, también aumenta la necesidad de una inversión significativa en infraestructura tecnológica. Para crear un entorno donde la IA pueda transformar verdaderamente la educación, las instituciones educativas, los gobiernos y el sector privado deben comprometerse a desarrollar la base tecnológica necesaria. Esta infraestructura incluye acceso a internet de alta velocidad, computación en la nube, soluciones de almacenamiento de datos y plataformas de software de IA.

El reto reside en garantizar que estas tecnologías no solo estén disponibles, sino también accesibles para todos los estudiantes, independientemente de su ubicación geográfica o situación económica. Invertir en infraestructura tecnológica reducirá la brecha digital, garantizando que incluso las comunidades e instituciones desfavorecidas puedan beneficiarse de los avances que ofrece la IA. Esto requerirá un enfoque estratégico para que la tecnología educativa sea más asequible y escalable, a la vez que se continúa innovando en el desarrollo de software y el diseño de hardware.

Además, las instituciones educativas deben estar preparadas para actualizar constantemente sus recursos tecnológicos. Las tecnologías de IA evolucionan rápidamente y, para seguir siendo competitivos, los sistemas educativos deben mantenerse a la vanguardia invirtiendo continuamente en las herramientas y el software más avanzados que permitan ofrecer experiencias de aprendizaje eficaces y personalizadas.

Si bien la infraestructura tecnológica es esencial, la financiación de programas educativos basados en IA también desempeña un papel fundamental en el fomento de la innovación en este campo. Gobiernos, empresas privadas y organizaciones filantrópicas deben invertir en investigación y desarrollo (I+D) para crear modelos de IA diseñados específicamente para fines educativos. Esta inversión garantiza el desarrollo de herramientas que satisfagan las diversas necesidades de estudiantes y docentes.

Además, se necesita financiación para programas piloto que prueben las tecnologías de IA en entornos educativos reales. Estos programas pueden servir como campo de pruebas para el impacto potencial de la IA, ayudando a educadores y legisladores a comprender qué funciona, qué no funciona y dónde se necesita mayor innovación. Al invertir en estos programas, las partes interesadas pueden ayudar a allanar el camino para la adopción generalizada de la IA en la educación.

También es importante asignar fondos para capacitar a docentes y administradores en el uso eficaz de las tecnologías de IA. Esto requiere inversión en desarrollo profesional y oportunidades de aprendizaje continuo que doten a los educadores de las habilidades necesarias para desenvolverse en el cambiante panorama de la enseñanza con apoyo de IA. Los programas de capacitación garantizarán que los docentes no solo sean usuarios de la tecnología, sino también participantes activos en el desarrollo e integración de herramientas de IA en el currículo.

La creación de una infraestructura tecnológica robusta para la IA en la educación no puede depender únicamente de los sectores público y privado. La colaboración entre ambos es crucial para garantizar un progreso sostenible. Las alianzas público-privadas permiten a las instituciones aprovechar la experiencia, la financiación y la innovación de forma que beneficien a todas las partes interesadas.

Los gobiernos pueden financiar proyectos de infraestructura tecnológica a gran escala e iniciativas políticas que promuevan la integración de la IA en los sistemas educativos. Por otro lado, las empresas del sector privado, especialmente las tecnológicas, aportan los conocimientos técnicos y las soluciones de IA de vanguardia que pueden impulsar el proceso de implementación. Por ejemplo, las alianzas con grandes empresas tecnológicas pueden brindar a las instituciones educativas acceso a herramientas de IA, como los sistemas de gestión del aprendizaje, que ya han demostrado su eficacia.

Además, estas colaboraciones pueden abordar cuestiones importantes como el acceso a la tecnología en regiones en desarrollo. Las empresas del sector privado pueden apoyar iniciativas que proporcionen a las escuelas en zonas desatendidas el hardware, el software y la capacitación necesarios, garantizando así que las tecnologías de IA estén disponibles para todos los estudiantes y educadores, independientemente de su contexto socioeconómico.

Si bien las inversiones inmediatas son esenciales para integrar la IA en la educación, la sostenibilidad a largo plazo es igualmente importante. El rápido ritmo del cambio tecnológico implica que las inversiones realizadas hoy podrían quedar obsoletas en pocos años a menos que se realicen inversiones continuas para mantener los sistemas actualizados y relevantes.

Para garantizar la sostenibilidad, las instituciones educativas deben crear una estrategia a largo plazo que contemple la evolución futura de las tecnologías de IA. Esto incluye reservar fondos para actualizaciones periódicas del sistema, adoptar un modelo de mejora continua y fomentar un entorno que fomente la innovación y la adaptación. Los sistemas educativos también deben considerar el coste total de propiedad de las tecnologías de IA, que incluye el mantenimiento, las actualizaciones y la integración de nuevas funciones a lo largo del tiempo.

Además, es fundamental una inversión continua en la seguridad de los datos y la protección de la privacidad como parte de la infraestructura tecnológica. Con el creciente uso de sistemas de IA que recopilan y analizan datos de los estudiantes, garantizar la seguridad y la confidencialidad de esta información es fundamental. Las instituciones deben invertir en medidas robustas de ciberseguridad, tecnologías de cifrado y el cumplimiento de las leyes de protección de datos para protegerse contra filtraciones de datos y accesos no autorizados.

La inversión en tecnología e infraestructura educativa es fundamental para aprovechar al máximo el potencial de la IA en la educación. Gobiernos, empresas privadas e instituciones educativas deben colaborar para construir y mantener la infraestructura tecnológica necesaria para el aprendizaje impulsado por la IA. Esto incluye financiar la investigación y el desarrollo de la IA, apoyar la formación docente y garantizar la sostenibilidad a largo plazo. Mediante estas inversiones, las partes interesadas pueden crear un ecosistema educativo no solo más eficiente, sino también más inclusivo y accesible, ayudando a preparar a los estudiantes para los retos del futuro mercado laboral.

7.4. Modelos de financiación para la integración de la IA en la educación

La integración de la Inteligencia Artificial (IA) en la formación ofrece un futuro transformador, ya que permite un estudio personalizado, una gestión eficiente y una mayor accesibilidad. Sin embargo, la implementación de la tecnología de IA a gran escala requiere una financiación considerable y sostenible. Asegurar y gestionar estos recursos financieros es una tarea compleja, relacionada con diversas partes interesadas, prioridades contrapuestas y capacidades diversas en distintas áreas e instituciones.

Históricamente, la inversión en formación se ha originado principalmente en presupuestos públicos, complementados con contribuciones privadas, subvenciones filantrópicas y tasas de matrícula. La introducción de la IA introduce nuevos sistemas de tarifas, que incluyen tasas sobre infraestructura de hardware, licencias de software, control de datos, formación del personal y conservación continua. Estos gastos pueden resultar prohibitivos, especialmente para las escuelas con recursos limitados y los países en desarrollo, lo que requiere mecanismos de financiación diversos y flexibles.

Un modelo aceptado es la financiación impulsada por las autoridades, en la que las autoridades nacionales o locales asignan presupuestos específicos para promover la adopción de la IA en los sistemas de educación pública. Los gobiernos también pueden establecer fondos de innovación, programas piloto o estrategias nacionales de IA que prioricen la educación. Este método centralizado permite la implementación coordinada, la estandarización y la distribución equitativa de los recursos. Además, la financiación pública suele ser una señal de compromiso político y fomenta la participación del sector privado. Sin embargo, las restricciones burocráticas, las prioridades contrapuestas y los límites presupuestarios pueden ralentizar la implementación y limitar la capacidad de respuesta a las necesidades locales.

Las asociaciones público-privadas (APP) se han convertido en un potente vehículo para la inversión en IA en la educación. En estos acuerdos, los gobiernos colaboran con empresas tecnológicas, startups y organizaciones filantrópicas para coexpandir y financiar proyectos de IA. Estas asociaciones aprovechan la tecnología local, la capacidad de innovación y los recursos económicos, alineándose a la vez con las necesidades educativas públicas. Por ejemplo, las empresas tecnológicas también pueden ofrecer sistemas de IA a precios reducidos o con guías personalizadas, mientras que los gobiernos contribuyen con infraestructura y marcos regulatorios. Las APP pueden impulsar la integración de la IA, pero requieren estructuras de gobernanza transparentes para equilibrar los objetivos de ingresos con la equidad y la ética educativas.

Otra vía en desarrollo es la inversión filantrópica y sin fines de lucro, donde fundaciones y empresas internacionales invierten en proyectos de IA destinados a mejorar el acceso a la formación y su calidad a nivel mundial. Las subvenciones de entidades como la Fundación Gates, la UNESCO y el Banco Mundial suelen destinarse a poblaciones desatendidas, apoyando programas piloto, el desarrollo de capacidades y la investigación. Estas ayudas pueden impulsar la innovación y destacar prácticas escalables de alta calidad, pero suelen estar limitadas en el tiempo y dependen de las prioridades cambiantes de los donantes.

Los modelos de suscripción y licencia constituyen el enfoque comercial para financiar herramientas de IA en la educación. Las instituciones educativas o los principiantes pagan por el acceso a estructuras, software o servicios basados en IA, a menudo por usuario o por institución. Si bien este modelo apoya el desarrollo y mantenimiento continuos de software, presenta riesgos, excepto para escuelas de bajos recursos o estudiantes que no pueden pagar los costos, lo que podría agravar las desigualdades educativas. Para mitigar esto, se pueden implementar precios diferenciados, modelos freemium o subsidios institucionales.

Las nuevas tendencias también exploran el crowdfunding y la financiación en red, donde educadores, padres y actores locales contribuyen económicamente para impulsar la adopción de la IA en sus escuelas. Si bien generalmente son de escala modesta, estas iniciativas comunitarias pueden fomentar la apropiación de la red y garantizar que las herramientas de IA se alineen estrechamente con las prioridades académicas locales.

El auge de la inversión basada en resultados o en el impacto de una inversión introduce mecanismos de financiación basados en el rendimiento. En este modelo, los compradores aportan capital inicial para tareas académicas de IA, con rendimientos condicionados a la consecución de resultados académicos predefinidos, como un aumento de las tasas de alfabetización o la participación del alumnado. Este enfoque alinea los incentivos con la eficacia y la innovación, pero requiere métricas sólidas y marcos de evaluación claros.

Para mantener la inversión a lo largo de los años, es fundamental invertir en el desarrollo de capacidades y la educación. Dotar a educadores y directores de conocimientos de IA y talento técnico garantiza que los activos económicos se traduzcan en una implementación eficaz. Cada vez más gobiernos y financiadores comprenden que la inversión en capital humano es tan esencial como la adquisición de tecnología.

Además, las mejoras colaborativas y de código abierto pueden reducir costos y mejorar la accesibilidad. Al aunar recursos e información, las instituciones educativas y los desarrolladores crean herramientas de IA de libre acceso, personalizables y adaptables a diversos contextos. La financiación de estos proyectos suele basarse en modelos combinados que incluyen regalos, donaciones y contribuciones institucionales.

Finalmente, la integración equitativa de la IA requiere inversiones focalizadas para cerrar las brechas digitales. Las inversiones en infraestructura, acceso a banda ancha y provisión de herramientas son condiciones para la adopción de la IA, principalmente en comunidades rurales o marginadas. Sin esta guía fundamental, los beneficios de la IA corren el riesgo de concentrarse en grupos ya favorecidos.

Una inversión eficaz para la integración de la IA en la educación requiere un enfoque multifacético que equilibre la responsabilidad pública, la innovación personal, la generosidad filantrópica y la participación en redes. Una gobernanza transparente, una asignación equitativa y una evaluación continua son fundamentales para maximizar el impacto de las inversiones financieras. Al adoptar modelos de financiación diversos y sostenibles, las partes interesadas pueden garantizar que la tecnología de IA contribuya significativamente a una educación inclusiva y de calidad para todos los estudiantes.

CAPÍTULO 8

Educación impulsada por IA en el futuro

8.1 El futuro de las tecnologías educativas inteligentes

El futuro de las tecnologías educativas inteligentes reside en el desarrollo continuo y la integración de sistemas basados en IA que personalizan el aprendizaje y se adaptan a las necesidades individuales de cada estudiante. Se espera que estos sistemas evolucionen hacia herramientas más sofisticadas e intuitivas capaces de proporcionar retroalimentación en tiempo real, evaluar el rendimiento del estudiante y recomendar itinerarios de aprendizaje personalizados. A medida que la IA avance, los sistemas de aprendizaje inteligentes podrán analizar una gama más amplia de datos, desde capacidades cognitivas hasta respuestas emocionales, para optimizar la experiencia de aprendizaje de cada estudiante.

En los próximos años, prevemos una mayor dependencia de los algoritmos de aprendizaje profundo, que permiten perfeccionar continuamente el contenido y las estrategias educativas. Estos sistemas irán más allá de los itinerarios curriculares estáticos y predefinidos y empezarán a ofrecer experiencias de aprendizaje dinámicas que se ajustan en tiempo real al progreso, los intereses e incluso los desafíos del alumno. Esto permitirá a los estudiantes interactuar con los materiales de aprendizaje de maneras más acordes con sus estilos de aprendizaje personales, mejorando su retención y comprensión.

Las tecnologías educativas inteligentes incorporarán cada vez más la realidad aumentada (RA) y la realidad virtual (RV) para crear experiencias de aprendizaje inmersivas. Estas tecnologías tienen el potencial de transportar a los estudiantes a entornos virtuales donde pueden interactuar con el contenido de maneras que van mucho más allá de las aulas tradicionales. Por ejemplo, los estudiantes podrían explorar civilizaciones antiguas, realizar experimentos científicos complejos o practicar procedimientos médicos en espacios virtuales que simulan situaciones del mundo real.

En el futuro, la RA y la RV, impulsadas por la IA, ofrecerán una integración más fluida con los planes de estudio, brindando oportunidades de aprendizaje contextual y experiencial. Los docentes podrán usar estas tecnologías para enriquecer las clases, permitiendo a los estudiantes comprender mejor conceptos abstractos visualizándolos en 3D. Esto permitirá una experiencia de aprendizaje más profunda y atractiva, especialmente en asignaturas que se benefician de la práctica, como historia, biología e ingeniería.

A medida que las herramientas basadas en IA se vuelven más avanzadas, el análisis del aprendizaje desempeñará un papel fundamental en la configuración del futuro de la educación. Las herramientas predictivas podrán evaluar la probabilidad de éxito o fracaso de un estudiante en un área específica y proporcionar información práctica tanto para estudiantes como para educadores. Esto permitirá un enfoque más proactivo del aprendizaje, donde se podrán realizar intervenciones antes de que los estudiantes se retrasen.

Además, el análisis de aprendizaje basado en IA permitirá mediciones más precisas de los resultados educativos. Estas herramientas no solo evaluarán el rendimiento académico, sino que también rastrearán los aspectos emocionales, sociales y conductuales del aprendizaje. Con este conjunto más amplio de datos, los educadores pueden obtener una comprensión más integral del desarrollo estudiantil, lo que permite una toma de decisiones más informada y estrategias educativas personalizadas.

Estas herramientas predictivas también ayudarán a identificar tendencias y patrones a nivel institucional, ofreciendo información valiosa sobre la eficacia de diferentes metodologías de enseñanza, currículos e implementaciones tecnológicas. Los líderes educativos podrán tomar decisiones basadas en datos que mejoren la experiencia de aprendizaje de todos los estudiantes y optimicen la asignación de recursos.

Si bien la IA seguirá evolucionando como un componente fundamental de las tecnologías educativas inteligentes, el futuro de la educación probablemente se verá acompañado de una colaboración más estrecha entre la IA y los educadores humanos, en lugar de que la IA sustituya por completo a los docentes. En este escenario futuro, la IA apoyará a los educadores automatizando tareas administrativas, ofreciendo herramientas de aprendizaje personalizadas y proporcionando información basada en datos, lo que permitirá a los docentes centrarse más en fomentar la creatividad, el pensamiento crítico y la inteligencia emocional en sus estudiantes.

Los educadores seguirán desempeñando un papel crucial en la mentoría y la orientación de los estudiantes, ofreciendo la conexión humana y el apoyo emocional que la IA no puede replicar. Sin embargo, la IA potenciará sus capacidades al proporcionar información en tiempo real sobre el progreso de los estudiantes, sugerir recursos individualizados y ayudar a identificar áreas donde los estudiantes necesitan ayuda adicional. De esta manera, la IA actuará como un poderoso asistente para los docentes, mejorando su eficacia y permitiéndoles satisfacer las necesidades de los estudiantes con diversidad.

El futuro de la IA en la educación no se limita al aprendizaje desde preescolar hasta la secundaria o a la universidad. La IA será fundamental para facilitar el aprendizaje permanente, ofreciendo oportunidades de aprendizaje accesibles y flexibles para adultos en diversas etapas de su carrera profesional. Las plataformas basadas en IA ofrecerán experiencias de aprendizaje personalizadas para quienes buscan desarrollar nuevas habilidades, ya sea para su desarrollo profesional o su enriquecimiento personal.

Estas plataformas ofrecerán aprendizaje a la carta, adaptado al horario, ritmo y estilo de aprendizaje preferido de cada persona. Los sistemas de IA también supervisarán y darán seguimiento al progreso, garantizando que los estudiantes se mantengan encaminados hacia el logro de sus objetivos. Al aprovechar la IA, las personas podrán acceder a rutas de aprendizaje personalizadas que se ajusten a sus necesidades específicas, ya sea que estén recapacitando para un nuevo empleo, buscando una afición o manteniéndose al día con las últimas tendencias del sector.

A medida que las tecnologías educativas inteligentes continúan evolucionando, traerán consigo nuevos desafíos y consideraciones éticas. Una de las principales preocupaciones es garantizar que estas tecnologías sean accesibles para todos los estudiantes, independientemente de su estatus socioeconómico o ubicación geográfica. Es necesario esforzarse por garantizar que las herramientas educativas basadas en IA no solo estén disponibles, sino que también sean asequibles, para que los estudiantes de comunidades desatendidas puedan disfrutar de las mismas oportunidades que quienes viven en zonas más privilegiadas.

Además, la privacidad y la seguridad de los datos seguirán siendo preocupaciones primordiales a medida que los sistemas de IA recopilan y analizan grandes cantidades de datos estudiantiles. Las escuelas, los gobiernos y las empresas tecnológicas deberán colaborar para establecer regulaciones y mejores prácticas que protejan la información estudiantil, permitiendo al mismo tiempo que los sistemas de IA funcionen eficazmente. Esto incluye garantizar la transparencia en el uso de los datos estudiantiles y establecer directrices claras para el acceso y el intercambio de datos.

El futuro de las tecnologías educativas inteligentes promete revolucionar la forma en que aprendemos y enseñamos. Los sistemas impulsados por IA crearán experiencias de aprendizaje más personalizadas, adaptativas e inmersivas que involucrarán a los estudiantes de maneras que los métodos educativos tradicionales no pueden. Al incorporar tecnologías como la RA, la RV y la analítica avanzada del aprendizaje, los educadores contarán con las herramientas para satisfacer las diversas necesidades de sus estudiantes, preparándolos para el éxito en un mundo cada vez más complejo y en constante cambio. Sin embargo, a medida que avanzamos, es esencial abordar los desafíos éticos y de accesibilidad que conllevan estas innovaciones, garantizando que la IA en la educación beneficie a todos los estudiantes por igual.

8.2 Modelos innovadores en educación con IA

Una de las aplicaciones más innovadoras de la IA en la educación es el desarrollo de sistemas de aprendizaje adaptativo. Estos sistemas utilizan algoritmos de IA para supervisar continuamente el rendimiento de los estudiantes y adaptar el contenido educativo a sus necesidades cambiantes. A diferencia de los modelos educativos tradicionales, los sistemas de aprendizaje adaptativo ofrecen experiencias de aprendizaje personalizadas, ajustando el ritmo, la dificultad y el estilo del material según el progreso y las capacidades de cada estudiante.

A medida que las tecnologías de IA evolucionan, las plataformas de aprendizaje adaptativo se volverán aún más sofisticadas, utilizando el aprendizaje automático para predecir y responder a las brechas de aprendizaje, los conceptos erróneos y los desafíos en tiempo real. Al aprovechar grandes cantidades de datos, los modelos adaptativos impulsados por IA proporcionarán un enfoque de aprendizaje más específico, garantizando que los estudiantes reciban el contenido adecuado en el momento oportuno. Este sistema dinámico optimizará la eficiencia y los resultados del aprendizaje, especialmente para aquellos estudiantes que pueden tener dificultades en las aulas tradicionales.

Por ejemplo, un sistema de IA podría identificar que un estudiante tiene dificultades para comprender un concepto matemático específico y ofrecer recursos adicionales, como ejercicios de práctica, tutoriales o recursos visuales, para ayudarlo a mejorar. El sistema ajustaría entonces el plan de clase, lo que permitiría al estudiante progresar una vez que lo domine. Este ajuste del contenido en tiempo real garantiza que ningún estudiante se quede atrás y que cada alumno reciba apoyo individualizado, independientemente de su ritmo o estilo de aprendizaje.

Otro modelo innovador en educación es la integración de la IA con el aprendizaje basado en proyectos (ABP). En entornos educativos tradicionales, el ABP anima a los estudiantes a participar en proyectos colaborativos del mundo real para desarrollar el pensamiento crítico, la resolución de problemas y el trabajo en equipo. La IA puede mejorar significativamente el ABP al proporcionar retroalimentación y apoyo en tiempo real, ayudando a los estudiantes a gestionar proyectos complejos de forma más eficiente y eficaz.

Las herramientas basadas en IA pueden facilitar la colaboración analizando la dinámica del equipo, identificando fortalezas y debilidades, y ofreciendo sugerencias personalizadas para las tareas grupales. Además, la IA puede ayudar a los estudiantes a gestionar y dar seguimiento a sus proyectos recomendando recursos, organizando cronogramas y prediciendo posibles obstáculos con base en datos previos. A medida que los estudiantes trabajan en sus proyectos, la IA puede monitorear su progreso y proporcionar retroalimentación adaptativa para guiarlos en el proceso de resolución de problemas, mejorando su capacidad de trabajar de forma independiente y creativa.

Además, la IA puede ayudar a acortar la distancia entre el conocimiento teórico y la aplicación práctica al ofrecer simulaciones y entornos virtuales donde los estudiantes pueden poner a prueba sus ideas y aprender mediante la experimentación. Por ejemplo, un estudiante que trabaja en un proyecto de ingeniería podría usar herramientas de IA para simular condiciones reales y comprobar la viabilidad de su diseño, obteniendo así una visión más profunda de la viabilidad del proyecto antes de su implementación. Al integrar la IA en el aprendizaje basado en proyectos, los estudiantes se ven capacitados para participar en experiencias de aprendizaje prácticas y más significativas que reflejan las complejidades del mundo real.

La IA también puede desempeñar un papel transformador en la gamificación, un método cada vez más popular para involucrar a los estudiantes en el aprendizaje activo. Al incorporar elementos lúdicos en la educación, como puntuaciones, recompensas y desafíos, la IA puede hacer que el aprendizaje sea más interactivo y ameno. Los juegos educativos con IA pueden evaluar el progreso del estudiante y adaptar los desafíos según corresponda, garantizando que se le presenten los desafíos adecuados y evitando la frustración por tareas demasiado difíciles.

Las experiencias de aprendizaje gamificadas impulsadas por IA pueden ser especialmente beneficiosas en asignaturas como matemáticas, idiomas y STEM, donde los estudiantes suelen beneficiarse de la resolución interactiva de problemas. La IA puede ajustar el nivel de dificultad de los desafíos en función del rendimiento en tiempo real, lo que hace que el proceso de aprendizaje sea más dinámico y atractivo. A medida que los estudiantes avanzan en las distintas etapas del juego, pueden ganar recompensas, desbloquear nuevos niveles y recibir retroalimentación inmediata sobre su progreso, lo que los motiva a seguir aprendiendo y mejorando.

Además, los juegos con IA pueden proporcionar retroalimentación instantánea sobre los errores, ayudando a los estudiantes a comprender dónde se equivocaron y ofreciendo sugerencias para mejorar. Esta corrección inmediata permite a los estudiantes comprender rápidamente conceptos difíciles y evita que se refuercen métodos incorrectos. Al incorporar la IA a la gamificación, los educadores pueden crear entornos de aprendizaje altamente atractivos y efectivos que se adaptan a diversos estilos de aprendizaje y aumentan la motivación de los estudiantes.

Los modelos de aprendizaje colaborativo, que se centran en que los estudiantes trabajen juntos para resolver problemas y compartir conocimientos, pueden mejorarse enormemente con las tecnologías de IA. La IA puede facilitar la colaboración conectando a los estudiantes con compañeros que comparten intereses, estilos de aprendizaje o fortalezas similares, creando una red de estudiantes que pueden ayudarse mutuamente. Los sistemas de IA también pueden supervisar las interacciones grupales, evaluar las contribuciones y proporcionar retroalimentación sobre la dinámica del equipo, garantizando que cada estudiante participe activamente y aprenda eficazmente.

Además, la IA puede facilitar la retroalimentación entre compañeros analizando el trabajo de los estudiantes y ofreciendo sugerencias de mejora. Por ejemplo, un sistema de IA podría evaluar el ensayo de un estudiante y destacar áreas de mejora, como la gramática, la estructura o la argumentación, antes de que el estudiante lo comparta con sus compañeros. Esto permite a los estudiantes centrarse en brindar retroalimentación constructiva y de alta calidad en lugar de dedicar tiempo a pequeños problemas que la IA puede corregir fácilmente. A su vez, los estudiantes pueden perfeccionar su trabajo, incorporar las sugerencias de sus compañeros y mejorar su experiencia de aprendizaje en general.

Además, las plataformas basadas en IA permiten la colaboración asincrónica, donde estudiantes de diferentes ubicaciones y zonas horarias pueden colaborar en proyectos, compartir recursos y ofrecer retroalimentación sin restricciones geográficas ni temporales. Esto fomenta una comunidad de aprendizaje global que promueve la comprensión intercultural y el intercambio de ideas, preparando a los estudiantes para un mundo globalizado.

A medida que la IA continúa avanzando, podríamos presenciar el desarrollo de entornos de aprendizaje totalmente autónomos, donde los estudiantes puedan aprender de forma independiente con mínima intervención de instructores. Estos entornos utilizarían la IA para guiar a los estudiantes a través del proceso de aprendizaje, ofreciendo recursos, evaluaciones y retroalimentación personalizados sin la necesidad de la intervención constante del profesorado.

En un entorno de aprendizaje autónomo, la IA gestionaría el ritmo, la estructura y la entrega de contenido, adaptándose a las necesidades individuales de cada estudiante en tiempo real. Los estudiantes podrían participar en lecciones interactivas, en aulas virtuales y recibir recomendaciones personalizadas para continuar su aprendizaje. La IA también monitorizaría continuamente su progreso, garantizando que los estudiantes se mantengan en el buen camino para alcanzar sus objetivos de aprendizaje.

Si bien los entornos de aprendizaje autónomos podrían ofrecer una flexibilidad sin precedentes, requerirían una implementación cuidadosa para garantizar que los estudiantes no se queden atrás ni aislados. La IA debería diseñarse para brindar apoyo emocional y social, fomentando la conexión y la participación a pesar de la ausencia de un aula tradicional. Además, los estudiantes seguirían beneficiándose de la interacción humana periódica, ya sea mediante mentoría, proyectos colaborativos o sesiones presenciales ocasionales, lo que garantizaría un enfoque equilibrado del aprendizaje.

Los modelos educativos innovadores impulsados por IA tienen el potencial de transformar la experiencia de aprendizaje profundamente. Desde sistemas de aprendizaje adaptativos que personalizan el contenido hasta el aprendizaje basado en proyectos potenciado por IA, la gamificación y los modelos colaborativos, la IA puede crear experiencias educativas más atractivas, eficientes y efectivas. Estas tecnologías no solo apoyan a los estudiantes individuales, sino que también fomentan la colaboración y el aprendizaje entre pares, preparándolos para el éxito en un mundo interconectado y en constante cambio. Sin embargo, a medida que estos modelos evolucionan, es importante equilibrar el poder de la IA con la necesidad de conexión humana, garantizando que la tecnología potencie, en lugar de reemplazar, los elementos humanos de la educación.

8.3 IA y docentes humanos en la educación: colaboración para el futuro

A pesar de los rápidos avances en IA, el papel del profesorado sigue siendo crucial para moldear la experiencia educativa. La IA puede ser una herramienta increíblemente poderosa para apoyar y mejorar el proceso de enseñanza, pero es poco probable que reemplace por completo a los educadores humanos. En cambio, el futuro de la educación probablemente se caracterizará por la colaboración entre los sistemas de IA y el profesorado, donde cada uno complementará las fortalezas del otro.

Los docentes humanos aportan empatía, creatividad y pensamiento crítico al aula, cualidades que la IA, por muy avanzada que sea, no puede replicar. Los docentes también pueden comprender la dinámica emocional y social de los estudiantes, brindándoles orientación y mentoría que fomentan su crecimiento personal. El toque humano en la educación es irremplazable a la hora de construir relaciones, fomentar las habilidades sociales y guiar a los estudiantes en debates morales y éticos complejos. En estas áreas, la IA puede proporcionar datos y apoyo, pero no puede reemplazar por completo la comprensión matizada que ofrece un docente humano.

En un aula optimizada con IA, los docentes probablemente asumirán un papel más estratégico como facilitadores del aprendizaje, guiando a los estudiantes por rutas de aprendizaje personalizadas, interpretando los conocimientos generados por la IA y brindando el apoyo emocional e intelectual que fomenta la motivación y la perseverancia. Los docentes utilizarán herramientas de IA para identificar brechas de aprendizaje, monitorear el progreso y adaptar el contenido a las necesidades únicas de cada estudiante. Al liberar a los docentes de tareas administrativas, la IA les permitirá centrarse más en los aspectos intelectuales y sociales de la enseñanza.

En el futuro colaborativo de la educación, la IA también servirá como asistente personal para los docentes, brindándoles información valiosa y datos en tiempo real sobre el progreso de sus estudiantes. Los sistemas de IA pueden analizar grandes volúmenes de datos estudiantiles y generar informes personalizados, destacando las áreas donde los estudiantes destacan o tienen dificultades. Esto permite a los docentes centrar sus esfuerzos en los estudiantes que requieren apoyo adicional, a la vez que reconocen y celebran los logros individuales.

La IA también puede ayudar con tareas administrativas como la calificación, la planificación de clases y la programación. Por ejemplo, las herramientas de IA pueden calificar automáticamente exámenes de opción múltiple, ensayos o incluso proyectos, lo que proporciona a los docentes más tiempo para centrarse en impartir clases de alta calidad e interactuar con los estudiantes. Los análisis basados en IA pueden identificar tendencias en el rendimiento estudiantil, lo que permite a los docentes tomar decisiones basadas en datos sobre cómo ajustar sus métodos y estrategias de enseñanza.

Además, las herramientas de IA pueden ayudar a los docentes a mantenerse al día con los últimos avances educativos, sugiriendo nuevos recursos, métodos de enseñanza y herramientas que se ajusten a su currículo. Esto permite a los educadores perfeccionar continuamente sus enfoques y garantizar la mejor experiencia de aprendizaje posible para sus estudiantes.

La colaboración entre la IA y los docentes humanos no estará exenta de desafíos. Uno de los aspectos clave será encontrar el equilibrio adecuado entre la tecnología y la interacción humana. La dependencia excesiva de la IA en el aula podría provocar la pérdida de una valiosa conexión humana, y los estudiantes podrían perderse el aprendizaje socioemocional que se deriva de la interacción con el docente y sus compañeros.

Para que la IA complemente verdaderamente la enseñanza humana, debe utilizarse de forma reflexiva y estratégica. En lugar de sustituir a los docentes, la IA debería servir como una herramienta que apoye y mejore su labor. Por ejemplo, la IA puede gestionar tareas repetitivas como la calificación o la retroalimentación instantánea de las tareas, mientras que los docentes se centran en fomentar el pensamiento crítico, la creatividad y la colaboración. Esto permite a los docentes dedicar más tiempo a la instrucción individualizada, la mentoría y el apoyo emocional.

Además, la implementación de la IA en las aulas debe promover la inclusión y la diversidad. Las herramientas de IA deben diseñarse para satisfacer las necesidades de todo el alumnado, incluyendo a aquellos con discapacidades, barreras lingüísticas u otros desafíos. El profesorado puede desempeñar un papel fundamental para garantizar que la IA se utilice de forma que beneficie a todo el alumnado y que nadie quede excluido.

Para aprovechar al máximo el potencial de la IA en el aula, el profesorado debe recibir la formación adecuada para integrar estas herramientas en sus prácticas docentes. Los programas de desarrollo profesional serán esenciales para dotar a los educadores de los conocimientos y las habilidades necesarios para utilizar eficazmente los sistemas de IA. Esto incluye comprender las capacidades y limitaciones de la IA, interpretar los datos y la información que proporcionan las herramientas de IA, y utilizar la IA para personalizar la instrucción y crear experiencias de aprendizaje más atractivas.

El profesorado también debe recibir formación para reconocer cuándo la IA no es la solución adecuada y cuándo es necesaria la intervención humana. Si bien la IA puede aportar información valiosa, es importante comprender que no sustituye el juicio, la intuición ni la creatividad humanos. El profesorado deberá desarrollar una comprensión crítica de la IA y sus posibles impactos en la educación, así como el uso responsable y ético de estas herramientas.

Además de capacitar al profesorado en tecnologías de IA, las instituciones educativas deben fomentar una cultura de colaboración y apertura a la innovación. Se debe animar al profesorado a experimentar con herramientas de IA y a compartir sus experiencias y perspectivas con sus colegas. Al crear un entorno propicio para la integración de la IA, los centros educativos pueden garantizar que el profesorado se sienta capacitado para explorar nuevas formas de enseñar y aprender.

De cara al futuro, la colaboración entre la IA y los docentes humanos seguirá evolucionando. A medida que los sistemas de IA se vuelvan más avanzados, desempeñarán un papel aún más importante en el apoyo al aprendizaje personalizado, el seguimiento del progreso de los estudiantes y la retroalimentación. Sin embargo, el rol del docente seguirá siendo indispensable. Los docentes seguirán siendo los guías emocionales e intelectuales que inspiran, orientan y fomentan el desarrollo social y cognitivo de los estudiantes.

El futuro de la educación se caracterizará por un entorno de aprendizaje más dinámico y flexible, donde la IA y los docentes humanos colaborarán para satisfacer las diversas necesidades de los estudiantes. Esta colaboración permitirá experiencias de aprendizaje más personalizadas, eficientes y atractivas, ayudando a los estudiantes a alcanzar su máximo potencial.

En definitiva, la colaboración entre la IA y los educadores humanos permitirá una experiencia educativa más holística e inclusiva, donde la tecnología mejora el proceso de aprendizaje, pero la conexión humana sigue siendo el eje central de la educación. Al combinar lo mejor de ambos mundos —las capacidades de la IA y las cualidades irremplazables de la enseñanza humana—, los educadores podrán crear entornos de aprendizaje que empoderen a los estudiantes para prosperar en un mundo cada vez más complejo e interconectado.

8.4. Análisis predictivo y tendencias educativas futuras

El análisis predictivo se está convirtiendo rápidamente en una piedra angular de la evolución de la educación, ofreciendo posibilidades sin precedentes para comprender las necesidades de los alumnos, optimizar los resultados del aprendizaje e informar la toma de decisiones políticas. Al aprovechar grandes conjuntos de datos, algoritmos de vanguardia y estrategias de aprendizaje automático, el análisis predictivo permite a educadores e instituciones pasar de estrategias reactivas a proactivas, moldeando el futuro de los sistemas educativos a nivel mundial.

En esencia, el análisis predictivo implica la recopilación y lectura de registros históricos y en tiempo real para pronosticar eventos o comportamientos futuros. En la educación, esto implica el uso de datos como registros de asistencia, puntuaciones de evaluaciones, métricas de participación y estadísticas sociodemográficas para comprender tendencias y predecir efectos como el rendimiento académico, la probabilidad de abandono escolar o las oportunidades de aprendizaje. Esta información permite a los educadores adaptar las intervenciones, asignar recursos eficientemente y diseñar currículos que satisfagan mejor las necesidades de los estudiantes.

Uno de los paquetes más instantáneos de análisis predictivo se encuentra en los sistemas de alerta temprana que detectan a los estudiantes universitarios en riesgo de rezago o abandono escolar. Al analizar múltiples factores, como las calificaciones, la participación y los indicadores de comportamiento, los modelos de IA pueden identificar a los estudiantes que necesitan apoyo adicional mucho antes de que los problemas se vuelvan críticos. Esta detección temprana permite intervenciones oportunas y específicas, como tutorías, asesoramiento o participación parental, lo que mejora las tasas de retención y el rendimiento académico.

El análisis predictivo también informa sobre las rutas de aprendizaje personalizadas. Al analizar cómo cada estudiante responde a las estrategias y el contenido académico, las estructuras de IA pueden predecir las secuencias y modalidades de aprendizaje más adecuadas para cada principiante. Esta personalización fomenta la participación, acelera el aprendizaje y fomenta la motivación, lo que facilita la transición de la formación estandarizada a modelos más adaptativos y centrados en el alumno.

A nivel institucional, el análisis predictivo respalda la planificación estratégica y facilita la optimización. Las escuelas y universidades pueden pronosticar la evolución de la matrícula, dirigir la demanda y las necesidades de personal, lo que permite una presupuestación y una programación más sostenibles. Además, el análisis de los resultados de los exalumnos y las estadísticas del mercado laboral ayuda a alinear los servicios educativos con las cambiantes necesidades de personal, garantizando así que los graduados posean las competencias adecuadas.

La integración de métricas de aprendizaje socioemocional (SEL) en modelos predictivos es una tendencia emergente que amplía el alcance del análisis más allá del rendimiento académico. Al monitorear indicadores relacionados con la aptitud intelectual, la interacción social y el bienestar emocional, los equipos de IA pueden predecir los desafíos socioemocionales de los estudiantes universitarios y orientar medidas de apoyo. Este enfoque holístico reconoce que el aprendizaje está profundamente entrelazado con factores emocionales y psicológicos.

A pesar de su potencial, el uso del análisis predictivo en educación plantea importantes inquietudes éticas y prácticas. La precisión de las predicciones depende de la excepcionalidad y representatividad de los registros; los sesgos en los conjuntos de datos pueden generar resultados injustos o discriminatorios. La transparencia sobre cómo los modelos realizan predicciones y cómo se derivan las decisiones es crucial para mantener la confianza entre estudiantes universitarios, padres y educadores. Además, la protección de la privacidad de los estudiantes y la protección de datos es fundamental, lo que requiere políticas sólidas y cumplimiento normativo.

Otra tarea es el peligro de las profecías autocomplacientes, donde los estudiantes categorizados como "en riesgo" también pueden internalizar estas evaluaciones, probablemente socavando su motivación y superficialidad. Por consiguiente, los educadores deben equilibrar las perspectivas basadas en datos con el juicio humano y la empatía, asegurando que el análisis predictivo sirva como herramienta de empoderamiento en lugar de como desafío.

De cara al futuro, la convergencia del análisis predictivo con otras tecnologías emergentes, como el procesamiento natural del lenguaje, la realidad virtual y los sistemas de aprendizaje adaptativo, creará entornos académicos cada vez más vanguardistas. Estas estructuras integradas no solo pronosticarán trayectorias de aprendizaje, sino que también simularán experiencias personalizadas y ofrecerán modificaciones en tiempo real, lo que hará que la formación sea más dinámica y ágil.

Además, el análisis predictivo está preparado para orientar las iniciativas políticas y de equidad al destacar las disparidades sistémicas y descubrir patrones ocultos relacionados con el acceso y los resultados. Los responsables políticos pueden utilizar estos conocimientos para diseñar programas específicos que aborden las brechas de rendimiento y promuevan la educación inclusiva.

El análisis predictivo representa una fuerza transformadora en el futuro de la educación. Al permitir la previsión de las necesidades de los alumnos, las dinámicas institucionales y las tendencias sociales más amplias, permite a las partes interesadas tomar decisiones informadas que orienten los estudios y las consecuencias del aprendizaje. Para alcanzar su máximo potencial, el análisis predictivo debe aplicarse con cuidado, con énfasis en la ética, la equidad y los valores humanos. Si se utiliza con responsabilidad, será un catalizador clave para forjar futuros académicos adaptativos, eficaces y equitativos.

www.ingramcontent.com/pod-product-compliance
Lightning Source LLC
La Vergne TN
LVHW051320050326
832903LV00031B/3271

* 9 7 9 8 3 0 9 8 5 7 8 3 8 *